Comentários sobr

O processo de 5 Passos neste livro é um dos mais alinhados a uma bem-sucedida interação de vendas que eu já encontrei. Acredito que a orientação dada por Linda seja prática e muito utilizável por um vendedor no dia-a-dia. Se os vendedores seguirem esse processo de 5 Passos, eles se destacarão pelo excelente desempenho nas empresas onde trabalham.

Malcolm Rees
Chefe Global de Vendas
DHL Express

Imagine um gênio que já saiba aonde você quer ir antes de você subir no tapete voador. *Venda Perfeita*, de Linda Richardson, o ajudará a construir esse gênio interno para navegar por toda visita, manter o foco no cliente e maximizar o sucesso de todas as visitas de venda.

Ken Daly
CEO
National Association of Corporate Directors

Não posso pensar em ninguém melhor para ser autor de *Venda Perfeita* que a vendedora mais perfeita do mundo. Você desejará falar com seus clientes depois de aprender os 5 Passos e os segredos da ciência de venda de Linda.

Pat Croce
Autor Best-seller de livros motivacionais

Venda Perfeita trata de usar tudo o que você tem, aumentar sua consciência e desenvolver seu talento. Isso é mágico e excitante.

Gerhard Gschwandtner
Fundador e Editor
Selling Power

Venda Perfeita oferece componentes tangíveis e um conjunto de disciplinas que é adaptável e versátil, e gera resultados.

James Jacobson
Vice-Presidente de Vendas
EchoStar

Outros livros de Linda Richardson sobre vendas tratam com maestria de todos os diversos aspectos de uma venda de sucesso. Este acerta o alvo — a visita de venda em si. Esse é o momento decisivo, quando a cortina sobe e as luzes acendem, e todas as várias horas de preparação cuidadosa e planejamento podem compensar o longo tempo dedicado ou ser, irrecuperavelmente, perdidas. Leitura indispensável para qualquer pessoa que fale a sério sobre venda profissional.

Michael S. Kaye
Sócio-gerente
Clear Light Partners

Linda Richardson

VENDA PERFEITA

VENCENDO CRISES

Contatando e **Criando Oportunidades**
Fechando Vendas com **Segurança** e **Eficácia**

M.Books do Brasil Editora Ltda.

Rua Jorge Americano, 61 - Alto da Lapa
05083-130 - São Paulo - SP - Telefones: (11) 3645-0409/(11) 3645-0410
Fax: (11) 3832-0335 - e-mail: vendas@mbooks.com.br
www.mbooks.com.br

Dados de Catalogação na Publicação

Richardson, Linda
Venda Perfeita. Vencendo Crises. Contatando e Criando Oportunidades. Fechando Vendas com Segurança e Eficácia/Linda Richardson
2009 – São Paulo – M.Books do Brasil Editora Ltda.

1. Vendas 2. Administração 3. Estratégia

ISBN: 978-85-7680-070-5

Do original: Perfect Selling: Open the door. Close the deal.
Original em inglês publicado pela McGraw-Hill

©2008 by Linda Richardson
©2009 M.Books do Brasil Editora Ltda. Todos os direitos reservados. Proibida a reprodução total ou parcial. Os infratores serão punidos na forma da lei.

ISBN original: 978-0-07-154989-9

Editor: Milton Mira de Assumpção Filho

Tradução: Maria Lúcia Rosa
Produção Editorial: Lucimara Leal
Coordenação Gráfica: Silas Camargo
Editoração e Capa: Crontec

Para

Emily e Dylan,

a perfeição vezes dois.

Sumário

Prefácio	*9*
Apresentação	*13*
Por que este livro?	*17*

Passo 1: Conectar-se	*31*
Passo 2: Explorar	*69*
Passo 3: Alavancar	*109*
Passo 4: Resolver	*131*
Passo 5: Agir	*153*

5 Passos para uma preparação extraordinária, mas rápida	*171*
Seu plano	*185*
Índice	*192*

"Fale como as pessoas comuns, mas pense como os homens sábios."

Aristóteles

Prefácio

Todos nós adoramos andar
ao longo das margens de um rio.
Às vezes, vemos um remador
solitário quebrar a superfície calma
das águas com os remos,
corpo e barco sincronizados.
Os remadores dizem que se leva
uma vida para conseguir
dar a remada perfeita.

Pense em quantas visitas de vendas você fez em sua carreira. Você pode identificar uma situação em que tudo foi **perfeito**? Se não conseguir pensar em uma ocasião, então não vende há tempo suficiente, ou sua empresa não o treinou tão bem.

Assim como Linda Richardson, vendo há mais de 30 anos. Treinei mais de 10 mil vendedores na Europa e nos Estados Unidos e publiquei 18 livros sobre o assunto. Passei por algumas das vendas mais empolgantes em minha carreira e nunca paro de me surpreender com o quanto vender pode ser fácil e exigir pouco esforço, se você agir corretamente. Como? O livro de Linda lhe mostrará o caminho.

Mary Kay Ash disse-me certa vez: "A maioria das pessoas morre, sem nunca ter tocado sua música". Acho que todos nós nascemos com um instrumento interno. Para alguns é o piano, para outros é a bateria, para outros, a clarineta... Cabe a nós encontrar o instrumento que nos é mais adequado e então aprender a tocá-lo melhor que qualquer um.

Muita gente pergunta: "Os vendedores já nasceram com esse dom ou têm que aprender?" Esta é uma pergunta improdutiva. Nascemos com talento e somos todos formados por diversas forças que nos tornam o que somos no presente momento. Uma pergunta mais produtiva seria: "Como eu posso me tornar o melhor em minha área, com os talentos que tenho?" O vendedor com pouco talento, mas com um desejo fervilhante de ser o melhor que puder, tem uma chance bem maior de alcançar o sucesso que um altamente talentoso, mas desmotivado. Muita gente diz: "Se eu fosse mais talentoso, passaria mais tempo desenvolvendo meus talentos". Essas são as pessoas sobre quem Mary Kay falou; estão condenadas a morrer sem ter tocado sua música.

Pense de novo no remador. Você não consegue remar um barco com apenas um remo na água. Um remo é o talento que você desenvolve por meio de treino contínuo; o outro é quem você é como pessoa. Ambos precisam estar em sincronia para mover o barco para frente, se você quiser vencer em vendas.

Venda Perfeita trata de como você utilizará **tudo o que tem**. Irá reforçar sua consciência, quando você estiver fazendo uma visita de vendas. Desenvolverá seu talento, o ajudará a ganhar novos clientes e a fortalecer relacionamentos — e isso é perfeito. Isso é mágico e emocionante.

GEHARD GSCHWANDTNER
Fundador e Editor de *Selling Power*

Apresentação

Em julho de 2006, quando Linda Richardson me pediu para assumir o papel de presidente e CEO da Richardson, aceitei agradecido. Cresci com a empresa e tinha paixão por nosso negócio. Entrei na Richardson em 1992 como diretor financeiro e, depois de mais de uma década nessa função, tornei-me vice-presidente executivo com responsabilidades pelo relacionamento com os clientes. Ao assumir esse novo papel, lembro-me de Linda me dizer, durante uma reunião, que achava que eu tinha tudo — talento natural, forte formação técnica, sólida noção estratégica, experiência, iniciativa e facilidade para conviver. Ofereceu-me a chance de trabalhar com ela em um elemento final essencial — **dominar a visita de vendas.**

Aquilo mexeu com meu ego. Antes de ir para a Richardson, fui contador público por mais de uma década. O que ela achava que eu tinha feito todos aqueles anos — para não mencionar meus 14 anos na Richardson? Percebendo que eu não fui muito receptivo, Linda não levou o assunto adiante.

Minhas primeiras reuniões com clientes foram bem, mas eu sabia que não estava fazendo o progresso esperado. Foi nesse ponto que percebi que minha capacidade e experiência não estavam me dando tudo o que é necessário para vencer.

O *feedback* é uma forma de vida na Richardson, por isso procurei minha "orientadora". Linda e eu nos concentramos em uma grande oportunidade em que eu estava trabalhando. Fiz tudo o que havia aprendido com o cliente e o setor. Sabia que nossas ofertas não foram bem-recebidas. Durante alguns dias, trabalhamos para entender a estrutura da visita de vendas enquanto, ao mesmo tempo, nos preparamos para essa visita importante. Agora, pensando bem, vi que o maior entrave não era a capacidade de entender o que devemos fazer em uma visita — era ter aquele *insight* que me faria perceber que eu tinha muito a aprender, apesar de toda a minha experiência.

No dia de minha visita, eu tinha tudo planejado, como um mapa. Eu estava preparado como nunca. Durante a visita, *senti* como se estivesse dirigindo um filme. De fato, eu havia treinado a mim mesmo. Sabia aonde queria ir e cheguei lá. Aquela visita gerou um negócio que consideramos "histórico" para os nossos 30 anos de existência.

É preciso acreditar. Mas o mais importante, como Linda diz, é que todos nós nascemos com dons naturais que trazemos para o trabalho. Sei também que esses talentos merecem ser refinados. *Venda Perfeita* é a maneira de aperfeiçoar suas visitas de vendas. Cada página, cada lição é um caminho para a excelência em vendas. A melhor parte é a consciência e a confiança que você ganhará. Depois de ler este, você desejará ser seu próprio treinador, e nunca mais vai parar de aprender.

DAVID DISTEFANO

Por que este livro?

Tendo trabalhado com as maiores organizações de vendas do mundo durante mais de 25 anos e tendo o prazer de treinar e orientar dezenas de milhares de vendedores, tenho visto os melhores vendedores do mundo empenharem inteligência e paixão em seus trabalhos. Também vejo o que impede muitos vendedores de fazerem a "venda perfeita". Este livro é o acúmulo de várias décadas dedicadas ao entendimento do que é necessário para os vendedores saírem da visita de vendas sabendo que fizeram uma "visita perfeita" — não uma visita falha, mas aquela em que estabeleceram uma verdadeira ligação com o cliente.

A **Venda Perfeita** pode ser a norma, e não a exceção para profissionais de vendas que anseiam pelo **melhor que podem ser**.

> "No fim da visita, o vendedor e o cliente estão *no momento em que a venda é feita.*"
>
> **John Reed**
> Ex-chairman, Citibank

Qualquer um em vendas sabe que ter sucesso como vendedor requer talento e esforço. Não há dúvida de que marketing, estratégias de vendas, preparo, experiência técnica, conhecimento do negócio, acompanhar o ritmo tecnológico, o rápido acesso a informações exatas e a iniciativa, juntamente com a capacidade de alavancar a equipe e acessar recursos, são fatores fundamentais para se ter sucesso em vendas hoje. *Mas eu acredito que nada pode ter um **impacto maior e mais rápido** no aumento de seus resultados de vendas do que aprimorar o que acontece quando você e seu cliente estão um diante do outro, "no momento", durante a visita.*

Quando tudo está dito e feito

— ganho ou perdido —

o que acontece na visita

de vendas é importante.

É a qualidade do diálogo com seu cliente que pode levar ou não ao negócio. Pois é quando você usa seu conhecimento, experiência, preparo, recursos, tino para negócios e estratégia de vendas para fazer a venda acontecer.

O diálogo durante uma visita de vendas não é uma conversa comum. A diferença entre a conversa comum e o diálogo de vendas é que a conversa é casual.

A conversa segue sem rumo, e é assim que deve ser. O diálogo de vendas deve ter direção. E para ter sucesso em vendas, você precisa se manter nessa direção.

O tempo da visita de vendas é precioso. Quando você está com os clientes, a opção de como usar esse tempo é sua. Você pode ter um plano claro para dirigir o que faz e diz durante a visita, ou pode deixar a situação e o ambiente o conduzirem. Na verdade, não há um meio-termo. Você pode dirigir a visita de vendas ou deixar que as vendas conduzam você. Isso não significa que você domine a visita. E, evidentemente, não significa que você não se adapte ao ambiente. Seu diálogo pode ser natural e flexível e, ao mesmo tempo, planejado e controlado. Você pode "ir com o fluxo", contanto que siga na direção certa.

5 Passos

Quando você entra no escritório de um cliente, sua adrenalina está alta e há um nível de tensão natural. À medida que a visita começa, você precisa fazer duas coisas: dirigir o fluxo da visita e engajar-se no diálogo. Tenho observado vendedores lutarem com isso. Vejo como é difícil para a maioria deles dirigirem e se engajarem no diálogo quando conversam com seus clientes.

Quando Aristóteles disse: *"Fale como as pessoas comuns, mas pense como os sábios"*, ele separou o pensamento da fala. Em certo sentido, é isso o que fizemos neste livro. Reconhecendo que um influencia o outro, separei a direção da visita do diálogo durante a visita. Concentrando-me na direção, tomei a visita de vendas e a dividi em **5 Passos**. Ao automatizar os 5 Passos da visita, você poderá ficar livre para maximizar cada segundo de seu diálogo, durante a visita de vendas. Sem precisar pensar nos passos, você poderá empregar toda a sua energia para ouvir os clientes e responder de modo a acrescentar valor e ser o mais persuasivo possível.

Os 5 Passos servem como **mapa topográfico** do cenário da visita de vendas. Ao entender o terreno, você terá clara a direção a seguir no diálogo e poderá concentrar sua atenção no diálogo para chegar lá.

A maioria dos vendedores tem muito a seu favor — eles têm produtos competitivos ou suas empresas provavelmente não estariam no mercado. Na maior parte, eles estão nesse ramo porque gostam de estar no comando e resolver problemas. Eles são comunicativos. Têm personalidade marcante. Gostam de competir e vencer. E conhecem seus produtos.

Mas os vendedores com fortes conhecimentos técnicos que estão totalmente preparados, ainda assim podem hesitar. Há muitos vendedores talentosos e bem-sucedidos que estão tendo um desempenho aquém de suas verdadeiras capacidades. Uma diferença crítica é o conhecimento da visita de vendas. Embora os vendedores passem a maior parte de seu tempo em visitas, muitos deles não entendem seu funcionamento interno.

O que eu tenho observado consistentemente naqueles que têm os melhores desempenhos é que eles conhecem o terreno da visita de vendas. **Os melhores vendedores**, de fato, conhecem profundamente a estrutura da visita, seja este conhecimento em nível consciente ou subconsciente.

Eles sabem para onde vão,

para onde estão indo,

e o que desejam realizar

a cada minuto.

Suas estruturas de visitas, se você analisar pelo diálogo, são consistentes. Eles têm um processo e um plano que seguem à risca — a não ser que decidam deliberadamente se desviar dele.

"Este é o maior brinquedo já inventado."

Charles Chaplin
(apontando para sua têmpora)

"G.P.S."

Entender os 5 Passos é como ter um dispositivo de navegação em sua cabeça durante a visita de vendas, que indicará continuamente a direção certa. O funcionamento de um sistema G.P.S. é incrível, mas este perde o brilho em comparação às capacidades da mente humana.

Como acontece com o G.P.S., você não está no piloto automático. Não está no controle do cruzeiro. Está na direção (a fala), mas lhe indicam a **direção certa**, de modo que não se perca e chegue aonde quer. Como qualquer bom G.P.S., quando a situação exige, você tem rotas alternativas para guiá-lo a seu destino final, e sempre tem a opção de não segui-las, com base em outros fatores.

Embora a direção esteja estabelecida, a execução depende totalmente de você. Se você pensar em seu corpo, a razão para não cair é que ele tem um sistema complexo de equilíbrio. Toda articulação tem receptores próprios que percebem o que é necessário e fazem correções, e tudo isso acontece sob o radar, sem que você perceba. Da mesma forma, conhecer intimamente a visita de vendas em nível instintivo o mantém no rumo certo. Você é seu próprio treinador durante a visita.

Tenho treinado dezenas de milhares de vendedores em seminários e pessoas envolvidas indiretamente, e muitos dizem que gostariam que eu estivesse com eles em suas visitas para guiá-los e mantê-los na direção certa. Os 5 Passos lhe permitem fazer um autotreinamento. Quando você internaliza os 5 Passos, seu diálogo interno dirige o diálogo que você tem com os clientes.

Já vi os mais variados vendedores — desde os mais destacados em vendas a vendedores cujos gerentes fizeram de tudo, mas eram irremediáveis. No entanto, raramente vejo um caso em que a combinação de inteligência, processo e iniciativa fracassou e não resultou em venda. O número de vendedores que falham apesar desses fatores é pequeno e desprezível. Minhas décadas de experiência me dizem, sem dúvida, que quase todos os vendedores podem fazer da venda perfeita a regra, e não a exceção — mas precisam saber o que é certo e o que não é nos passos da visita de vendas.

Os 5 Passos para a Venda Perfeita são:

Conectar-se
Explorar
Alavancar
Resolver
Agir

Você pode estar familiarizado com esses passos, ou algo parecido com eles. Mas, o importante não é se eles são ou não conhecidos, e sim de que modo você os *executa*. Há muitos vendedores bons. Há um bom número de vendedores muito bons. Mas há muito poucos vendedores excelentes. A maioria dos vendedores faz boas visitas, mas não visitas perfeitas — em que se conectam e vencem consistentemente.

Assim como você domina o conhecimento técnico e pode se apoiar nele quando entra no escritório do cliente ou fala com ele pelo telefone, ao ser capaz de evocar os 5 Passos automaticamente, você terá as informações de que precisa para encaminhar a visita para seu objetivo.

Trato claramente de cada passo da visita para que não haja dúvida de como maximizar cada momento com seu cliente. Se à primeira vista parece mecânico, de certa forma é. Mas em aspectos muito mais importantes não é. Não é um livro de receitas. Não é um roteiro. É sobre uma forma, e não uma fórmula. A diferença é imensa. A forma lhe dá uma maneira de dirigir a visita de modo que você tome decisões sobre aonde ir e o que dizer em seguida, rapidamente, e com freqüência, sob pressão. A chave é ser capaz de tomar decisões sábias, rapidamente. Você terá uma base sólida, mesmo quando um cliente arremessa uma bola curva. Os passos lhe dão a base para improvisar e retomar o controle, mantendo-se tranqüilo.

Como usar este livro

Como Albert Einstein disse certa vez: "Tudo deve ser feito da forma mais simples possível — mais nada além disso". Tentei fazer isso neste livro. Os 5 Passos são simples de entender. Dentro de cada passo há algumas ações específicas para você realizar — não sempre, mas a maior parte das vezes.

As ações exigem realmente disciplina, não como no "comando de marcha", mas a verdadeira definição de disciplina — aprendizado. Alguns vendedores parecem ter nascido conhecendo essa disciplina, mas a maioria de nós — se trabalhar isso — pode se tornar não só capaz, mas excelente. A parte fácil deste livro é aprender os passos e as ações no nível intelectual. Isso vem primeiro. Um esforço de 20 minutos o ajudará a internalizar cada um dos 5 Passos de modo que você possa usá-los quando precisar.

Sugiro um **programa de 5 dias** — uma etapa por dia (ou semana) — uma sequência de segunda a sexta-feira baseada em seus conhecimentos específicos em vendas e no que funciona para você. Ao se concentrar em um passo por vez antes de ir para o seguinte, você passará do *entendimento* para o *fazer*, e sentirá o poder exponencial de um crescimento gradual, passo a passo. Uma vez que você "dominar" uma etapa, aplique-a em várias visitas. Você saberá quando é hora de passar para o passo seguinte, com base no questionário de avaliação do dia. Mas, é claro que a decisão é sua. Consulte este livro onde e quando quiser, de acordo com suas necessidades.

Incluí **Planejadores Rápidos** e **Questionários Rápidos** como ferramentas para ajudá-lo a reforçar os Passos à medida que você se prepara, avalia suas habilidades e faz seu treinamento diário. Para conhecer as versões online dessas ferramentas de *Venda Perfeita*, durante a leitura do livro, acesse http://www.richardson.com/Resource-Center/Perfect-Selling-Tools/ e digite o Nome do Usuário: perfectseller e a Senha: Richardson.

O que eu mais espero da maioria dos novos vendedores em nossa equipe de vendas na Richardson é o dia em que eles me dizem: "É fácil demais". Isto não significa que eles não vão se esforçar diariamente ou que não vendam para clientes exigentes ou não enfrentem concorrentes temíveis em cada negócio. Significa que eles entenderam e usam as ferramentas para fechar negócios. Você também pode fazer isso.

Sei que os melhores vendedores são formados, e não têm talento nato. Sem dúvida, há os que sabem intuitivamente o que é necessário para vencer, mas a maioria de nós pode se beneficiar se tiver um mapa para seguir.

Se o seu objetivo é ser o melhor que puder em vendas, aproveitar a euforia sentida ao sair de uma visita sabendo que ela foi "perfeita", fechar mais negócios, e construir relações mais fortes, e então tornar-se um mestre em visitas de vendas —

dê

o

primeiro

passo.

1
Conectar-se

> "A fala é o modo como desenvolvemos e mudamos relacionamentos."
>
> **Robert Mckee,**
> Roteirista premiado e professor

Pense em sua última visita de vendas. Você deu atenção à forma de começar a visita? Talvez não tenha dado muita. Provavelmente focalizou o verdadeiro objeto da visita — o que acontece após iniciada a conversa ou a abertura.

Mas sua abertura é o verdadeiro negócio. Pode ser a parte mais humana da visita. Pode ser a mais pessoal. Pode ser a mais estranha e constrangedora. Pode ainda ser a mais elegante e divertida. Pode ser muitas dessas coisas ao mesmo tempo. A abertura é sempre reveladora. É também a janela que você abre para dentro de seu cliente —

seu estilo,

    seu profissionalismo,

        seu nível de preparo

quem você é —

    e isso lhe dá uma boa noção do

    cliente — se você observar.

        É quando você se conecta e prepara o

        cenário para o que acontecerá em seguida.

Muito a fazer na abertura e pouco tempo para fazer.

Você tem certeza de como iniciar uma visita de vendas? É preciso agir — rapidamente. Isso não significa que você "atropele" a visita. Significa que deve ter uma visão muito clara do caminho que tomará para se preparar e maximizar o passo seguinte.

É nesse momento que você **estabelecerá a ligação, construindo uma relação pessoal**, prevendo o conteúdo da visita, dando o tom, entendendo e sendo entendido pelo cliente. A maneira como você usa esse momento transmite uma mensagem clara sobre você e o que o cliente pode esperar do resto da visita. Infelizmente, um número bastante grande de vendedores passa pela abertura (e outras partes do diálogo de vendas) sem deixar claros os seus motivos. Deixam a abertura seguir um rumo incerto até acabar, em vez de fazerem as poucas coisas fundamentais que precisariam ser feitas para começar a visita da melhor forma possível.

Por ter muito a fazer e não dispor de muito tempo, quanto mais claro você for sobre o que precisa ser feito, melhor. Depois que você tiver certeza do que deseja fazer na abertura, o diálogo flui mais facilmente.

Quando a visita começar, sente-se no lugar do motorista.

Conectar-se é o primeiro passo da visita. Requer **4 Ações**. Uma ação é uma disciplina que você segue. É uma conduta e a reação do cliente àquele comportamento, ou seja, você cumprimenta o cliente e ele o cumprimenta. Você pode completar as 4 Ações no Passo 1 (com a exceção do tempo que leva para as apresentações, que é a grande variável) em questão de minutos.

Pode parecer coisa demais para fazer. Mas de fato você passa muito rapidamente por essa etapa da visita. Essas 4 Ações se combinam em poucas sentenças. Como resultado, você estará preparado para o Passo 2 — Explorar.

Ao tentar essas ações, você verá que elas fluem como o alfabeto. É um alívio, porque você sabe exatamente o que quer realizar, sem parecer um robô.

Sua mensagem,

    suas palavras,

        e o que você propõe

            são decisões totalmente suas

e, portanto, o diálogo é natural como a decisão

consciente de desviar de qualquer uma das Ações, se necessário — mas você sabe como quer usar esse tempo importante para fazer a melhor conexão possível. Conforme a situação exigir, você faz os ajustes necessários. Por exemplo, se seu cliente estiver com pouco tempo disponível, você pode pular a parte da relação pessoal. Embora as Ações conduzam seu diálogo em uma direção, lembre-se de que você é orientado pelas Ações, mas não está preso a elas.

Vamos nos concentrar nas 4 Ações.

- **Ação 1:**

    Cumprimento/Relação Pessoal Estimulante

- **Ação 2:**

    Resumo dos Acontecimentos/ Preparação para Alavancagem

- **Ação 3:**

    Propósito Duplo e Checagem

- **Ação 4:**

    Transição para Necessidades

Ação 1: Cumprimento/Relação Pessoal Estimulante

Cumprimento

É claro que você sabe como dizer *olá*, e se apresentar. O best-seller, de Malcolm Gladwell, *Blink: The Power of Thinking Without Thinking* deixa claro que as pessoas se comunicam mais do que percebem em um único "piscar de olhos". Nos primeiros segundos, tanto você quanto seu cliente enviam pistas e fazem julgamentos. A impressão que você dá pode ser positiva ou negativa, mas raramente é neutra. Você pode afastar ou criar a desconfiança do cliente.

Sua presença e capacidade de se relacionar através de seu

aperto de mão,

contato do olhar,

sorriso,

postura,

modo de se vestir,

voz

e tom

ajudam a criar essa rápida impressão mas, muitas vezes, definitiva.

Tudo em seu cumprimento e apresentação fala instantaneamente por você e pode classificá-lo na mente de seu cliente. Coisas como um modo de se vestir inadequado ou um atraso podem tirá-lo da zona positiva ou neutra e enviá-lo rapidamente para a negativa.

> "Banalidades vãs como podem parecer, as roupas mudam nossa visão do mundo e a visão que o mundo tem de nós."
>
> **Virginia Wolf**

Relação pessoal estimulante

É claro que seus clientes estão ocupados e você também. Isso não significa que não haja tempo para se conhecerem. Você tem opções quando se trata de estabelecer uma relação pessoal baseada no relacionamento e na situação. Qual é o relacionamento? Você está com um cliente potencial ou um cliente antigo? Quais são as pistas para iniciar uma relação pessoal? Qual é a conduta do cliente? Qual é a cultura organizacional — mais aberta ou formal? E, finalmente, quanto tempo você tem para a visita?

Em quase todas as situações, a construção da relação pessoal durante a abertura é mais do que opcional. É esperada. **A relação pessoal faz parte das relações humanas**. Embora você deva captar as pistas de seus clientes sobre a receptividade deles a uma relação pessoal, sua função é fazer tudo o que puder para construí-la.

O mais importante na relação pessoal é que ela precisa ser autêntica. Você precisa considerá-la verdadeira. Se você respeita seus clientes e os considera importantes, é muito mais fácil ser sincero. Isso não significa que você tenha de adorar todo cliente, mas, a não ser que seja um ator tão bom quanto Robert De Niro ou Meryl Streep, se você não for sincero, a construção de sua relação pessoal provavelmente soará falsa.

> **"A regra é: se a finalidade é seu progresso profissional, então não se trata de uma conversa."**
>
> **Judith Martin**
> Miss Manners

A chave é se preparar para estabelecer uma relação pessoal e poucos vendedores fazem isso. Para criar um vínculo significativo, o ideal é se preparar para se conectar em dois níveis: pessoal e profissional. Se você está construindo uma relação pessoal e profissional, comece sempre com a pessoal — quanto mais específica e interessante for para o cliente, melhor.

Embora você deva estar preparado sempre, preparar-se para uma relação pessoal não substitui a relação espontânea. Fique alerta a pistas imediatas que levem mais diretamente a uma relação pessoal e que estejam no ambiente, como a foto de uma aula do programa de desenvolvimento de executivos que o cliente exibe orgulhosamente na parede, uma coleção de modelos de carros de corrida, que estão enfileirados em uma prateleira, ou fotos da família sobre a mesa.

Relação Pessoal

Um assunto que inicia uma relação pessoal pode ser algo que você preparou para dizer ou algo desencadeado por uma pista presente no ambiente do cliente. Uma das melhores formas de construir uma relação pessoal é fazer uma pergunta ou uma afirmação que convide a pessoa a responder. Veja alguns exemplos:

- Li que você está presidindo o evento... para a Câmara. Parece ser um evento incrível... Como você se envolveu?
- O que você está achando...?
- Vi uma foto do time de seu filho no jornal. Há quanto tempo ele está jogando?

- Entrei em seu site na internet. Vi que você adicionou animação... (supondo que este não seja o assunto de sua visita de vendas). Está genial... Como você pensou em...?

- Que coleção maravilhosa! Quando você começou a colecionar?

- Então, como foi a festa de aniversário de Jane?

- Li a respeito da cerimônia no próximo sábado. Vai ser de arrasar. Você deve estar muito orgulhoso.

- Há algum tempo já ouvi falar em seu nome. Como você entrou no setor?

- Há quanto tempo você conhece Bill (fonte de referência)?

Evidentemente, há vários tópicos para se estabelecer uma relação, inclusive comentários sobre a área, o tempo ou outras observações ou opiniões (evite falar sobre sexo, política e religião), mas quase nada funciona mais do que mostrar interesse pelo cliente fazendo-lhe perguntas para conhecê-lo.

Relação Profissional

A relação profissional pode ser qualquer coisa relacionada a um assunto de negócios que não esteja diretamente ligada ao objetivo de sua visita. Os tópicos poderiam ser uma conferência da qual você participou, um artigo na imprensa sobre a recente promoção do cliente, ou uma mudança na organização do cliente. Por exemplo:

> *Notei que você apresentou... na conferência...*
> *Como você consegue fazer tanta coisa?*

Às vezes, as linhas divisórias entre a relação pessoal e profissional se sobrepõem, dependendo de como você desenvolve um assunto. O importante é se certificar de não usar um tópico de relação pessoal que esteja relacionado ao objetivo de sua visita e que o fará, inadvertidamente, sair rápido demais da fase de ligação com o cliente. Por exemplo, uma referência pode ser usada para ajudá-lo na transição para o Passo 2, Explorar, dependendo de como você a utiliza. Se você diz: "*É um prazer ter sido apresentado a você por John. Ele mencionou que você está procurando...*" você passa para o Passo 2 cedo demais, antes de ter completado o Passo 1 das Ações. Muitos vendedores caem nessa armadilha.

Tópicos para se Estabelecer uma Relação Pessoal

Quanto ao assunto, quanto mais voltado para o interesse de seu cliente, melhor. Na verdade, a relação pessoal não envolve tanto o assunto, mas sim como criar uma *ligação humana*. Praticamente qualquer tópico funcionará, contanto que seja genuíno e não controvertido. E não reclame de coisas como ter sentado na poltrona do meio no avião, do trânsito ou de resfriado, porque seu cliente pode achar que, indiretamente, a razão de suas lamentações são as visitas de vendas!

> Construir uma relação pessoal com o cliente é falar sobre ele, e não sobre você.

Foco na Relação Pessoal

REGRA PRÁTICA: O foco da relação pessoal deve ser no cliente, e não em você. Falar de você não é a melhor maneira de construir essa relação. É claro que é adequado revelar algo sobre você, mas então, *imediatamente*

dirija a atenção

de volta para o

cliente.

Por exemplo, se o seu cliente lhe diz que ele morava em Chicago, e você frequentou a escola lá, deve dizer isso, acrescentando algo positivo sobre Chicago, e então mudar rapidamente o foco para o cliente, perguntando algo como: onde ele morou em Chicago, por quanto tempo etc. Quando uma vendedora mencionou que frequentou escola em Chicago e então continuou contando ao executivo sobre sua experiência na universidade, depois de cerca de 15 segundos, o cliente potencial disse: "Bem, se você me desculpar...". Se ela tivesse usado uma pergunta de relação pessoal para voltar o foco para ele, o diálogo com esse executivo poderia ter ido longe.

Outro caso — quando perguntaram a um filantropo por que ele decidiu não fazer a doação para a faculdade onde ele estudou, ele culpou a diretora do projeto de construção, a quem ele descreveu como egocêntrica. "Ela", disse ele, "passou quase o jantar todo falando sobre seu casamento próximo e sua mudança recente para a área. "De fato, para ser gentil, eu lhe fiz uma pergunta, mas achei que cabia a ela voltar o foco para meus objetivos."

Tempo para a Relação Pessoal

Quanto ao tempo que se passa construindo uma relação pessoal, a duração pode variar de uma situação para outra, de uma cultura para outra.

Meu conselho é reservar no mínimo de 5 a 8% da visita para o Passo 1. Portanto, em uma visita de 40 minutos, sua *meta* deve ser usar cerca de 5 minutos, sendo a maior parte desse tempo empregado na relação pessoal. É claro que o tempo reservado pode ser mais longo, ou bastante breve, como um *olá* e *obrigada pela reunião*, dependendo do cliente, da situação, do relacionamento, do objetivo da visita, do tempo e da cultura. Como os estudos sobre culturas têm mostrado, na costa oeste dos Estados Unidos, em geral, passa-se mais tempo na construção da relação pessoal do que, por exemplo, na maior parte das grandes cidades americanas situadas na costa leste. Também, regiões inteiras como a América Latina e a Ásia são conhecidas pela ênfase na construção de relações pessoais.

Receptividade à Relação Pessoal

Enquanto você quer fazer tudo o que pode para estabelecer uma relação pessoal, procure entender a situação para avaliar o interesse do cliente em "jogar conversa fora". Se o cliente sinalizar "nada de relação pessoal" — com uma resposta curta, um tom indiferente, uma postura autoprotetora, ou uma sugestão clara para "ir direto ao assunto", entenda a mensagem. Se os clientes não expressam interesse em formar uma relação pessoal, suas razões podem ser tão inócuas quanto uma estrutura engessada, ou tão problemáticas quanto a preferência por não comprar de você.

Com clientes que rejeitam iniciativas para se estabelecer uma relação pessoal quando a visita começa, com freqüência é possível encontrar oportunidades para estabelecer uma ligação mais tarde, durante a visita, próximo ao final dela ou, se necessário, em visitas posteriores. Felizmente, quase todos os clientes recebem bem um vínculo apropriado e ficam satisfeitos em lhe dar alguns minutos para estabelecer uma ligação mais pessoal.

Relação Pessoal além da Abertura

Embora a construção da relação pessoal seja pensada basicamente como algo que acontece no início da visita, e realmente se concentre mais nesse momento, a relação pessoal pode e deve ser construída e mantida durante toda a visita. Por exemplo, no meio de uma discussão sobre as necessidades do cliente você pode aproveitar um comentário que ele faz, como *"Na verdade, tive treinamento em sua área"*. Ao mostrar interesse, sua breve digressão o ajudará a saber mais sobre o cliente e a fortalecer sua ligação pessoal. Em seguida, você pode voltar ao assunto.

A relação pessoal pode ir além de palavras e gestos, para ações, seja um jogo de tênis com o cliente, um jantar, ingressos para um show. **As ações falam mais alto que as palavras**. Por isso, demonstre seu interesse pelo cliente, fortalecendo o vínculo com ações como dar o número de seu celular ao cliente; para que ele possa encontrá-lo no fim de semana ou enviar um cartão de aniversário. Encontre maneiras de fazer coisas pelas quais você não é pago.

A transição para ultrapassar a etapa da relação pessoal

Muitos vendedores se preocupam, acham que se começarem uma relação pessoal podem não chegar nunca a tratar de negócios. Com frequência, o problema é exatamente o oposto. Não se gasta tempo suficiente na construção de uma relação pessoal verdadeira. Não se deixe levar pela ansiedade, encerrando essa etapa cedo demais. A não ser que você esteja com um cliente que costume usar essa conversa pessoal para evitar tratar de negócios ou assumir um compromisso, aproveite o tempo dedicado à relação pessoal. Entretanto, se você achar que essa conversa está indo longe demais, seguir em frente não é difícil. Espere até que o

cliente relaxe

e comece a passar para a Ação 2, resumindo como você chegou lá e alavancando sua preparação.

"Tudo deve ser feito da forma mais simples possível, e nada mais além disso."

Albert Einstein

Ação 2: Resumo de Acontecimentos e Preparação para Alavancagem

Resumo de Acontecimentos

A transição para sair da relação pessoal é fácil. Para evitar o choque da mudança, simplesmente espere por uma pausa, relaxe e resuma os acontecimentos que o levaram ao encontro. Por exemplo, você pode recapitular a última reunião ou conversa que teve com o cliente ou pode se referir à pessoa que ajudou a marcar a reunião.

Em nossa última reunião, conversamos sobre... e...

ou

Quando falamos ao telefone você mencionou...

ou

Sou grato a Bob por me apresentar a você...
Ele mencionou que você estava pensando em...
e considero boa a oportunidade de fazer uma
reunião com você sobre isso.

Ao fazer referência de como chegou lá, você pode sair tranquilamente da etapa da relação pessoal.

Preparação para Alavancagem

Uma vez que você resumiu como chegou lá, descreva imediatamente o que fez para se preparar. Os clientes gostam de saber que você pensa neles. Ao revelar que pensou na reunião, você mostra a seus clientes que valoriza o tempo deles e está pronto para maximizá-lo. Um segundo basta para mostrar que se preparou para a reunião. Por exemplo:

Pensei muito em...

ou

*Visitei seu site na internet (sua loja)...,
Experimentei seu produto...,*

ou

*Falei com os membros de minha equipe sobre nossa conversa ao telefone...,
Falei com seu gerente de...,*

ou

Reuni exemplos de alguns projetos bem-sucedidos que completamos para os clientes X, Y...,

ou

Desde nossa última reunião desenvolvi um...

Ao posicionar sua preparação, você ganha pontos e respeito de seus clientes e pode até ganhar mais tempo.

A Ação 2 requer apenas alguns segundos. E uma vez que você fez isso, as perspectivas nesse momento tendem a ser abertas ou pelo menos a serem neutras em relação a você. Os clientes lembrarão por que o escolheram.

Então passe para a Ação 3.

Ação 3: Propósito Duplo e Checagem

Propósito Duplo

Para se concentrar ainda mais no cliente, é importante declarar o propósito de sua visita a fim de esclarecer por que você está lá e para garantir que você e seu cliente estejam em sintonia. O objetivo da visita tem duas dimensões: a primeira mostra seu foco no cliente, ao deixar claro que está lá para saber mais sobre as necessidades dele; a segunda esclarece o motivo para a reunião, com benefícios potenciais ao cliente.

Por exemplo: *"Hoje eu gostaria de saber mais sobre seus objetivos para... e então partilhar com você nossos... para ver como podemos...* (benefício ao cliente)". Ao declarar que está lá para saber mais sobre o cliente, você também ajuda a preparar o cliente para um diálogo interativo. Afirmar que você está lá para aprender mais também o ajuda a evitar falar de seus produtos de uma maneira genérica, antes de entender as necessidades do cliente. Então, ao declarar seu objetivo, você esclarece por que está lá.

Em vez de começar a descrever seu propósito com um comentário como: *"Estou aqui para discutir nosso produto..."* diga algo como: *"Estou aqui para aprender mais sobre seus objetivos*". A diferença é a mesma que há entre a noite e o dia. Suas palavras dizem se você está focado no produto ou no cliente. Use suas palavras para se aventurar a sondar **um caminho para aprender mais sobre seu cliente.**

Se você planeja tratar de vários assuntos ou se a visita tem vários objetivos, dê mais esclarecimentos de seu objetivo identificando os pontos-chave sobre sua agenda. Por exemplo: *"Hoje eu gostaria de saber mais sobre seus objetivos..., você mencionou fazer uma visita a nossas instalações e, então, eu gostaria de compartilhar com você os projetos que completamos para... então revisar nosso... e passar por... e resultados..."* ou *"Para a pauta de hoje, pensei que poderíamos..."* (enumere os pontos principais de sua pauta). Embora você deva preparar e esclarecer sua pauta, a menos que a visita seja mais formal ou complexa, você não precisa criar uma pauta escrita para ser distribuída.

Checagem

Tendo esclarecido seu objetivo e/ou considerado sua pauta, peça um *feedback* imediatamente, para assegurar que você está atendendo às expectativas de seu cliente na visita e identificar outras áreas que sejam importantes para o cliente e que deveriam ser incluídas. Por exemplo, você poderia perguntar:

Como isso atende às suas expectativas?

ou

O que acha disso?

Ao pedir *feedback*, você sabe em que medida seus objetivos estão alinhados aos do cliente e consegue a aceitação, que aumenta a receptividade do cliente.

Na maioria das situações, os objetivos estarão alinhados. Mas se houver uma desconexão, é importante identificá-la o mais rápido possível. Quando uma vendedora identificou um tópico que ela planejava discutir, seu cliente surpreso, se retraiu. Ao fazer a checagem ela percebeu que o coordenador dela não estava a par das prioridades do cliente. Ciente de que a pauta dela não estava correta, a vendedora conseguiu ajustá-la rapidamente e conduzir com sucesso a reunião. Mesmo quando você sabe que sua pauta está adequada, verificá-la vale a pena porque ao perguntar, em vez de apenas presumir que o cliente esteja de acordo, você lhe dá a noção de controle e opção que estimula a adesão.

Apresente suas credenciais

Às vezes, você vê que é necessário dar as credenciais da organização e/ou as suas. Apresentar credenciais é ir além de dar seu nome, função e o nome da organização. A apresentação de suas credenciais ajudará a definir de que forma um contato novo ou prospectivo, em um relacionamento atual, vê sua organização ou você. Um bom momento para apresentar as credenciais geralmente é depois de verificar a pauta e antes de encerrar a abertura da visita. Dar suas credenciais é algo que você precisa fazer com frequência, então prepare sua mensagem central sobre você e sua organização. Faça-a com clareza e de modo fácil de acompanhar, e conciso. Seja capaz de dizê-la em cerca de dois minutos, no máximo. Adapte essa mensagem central especificamente a cada cliente.

Ação 4: Transição para as Necessidades

A esta altura você está pronto para concluir sua abertura. Você tem uma bifurcação pela frente. Cerca de 60% dos vendedores tomam consistentemente a via do produto em vez da exploratória.

Um dos maiores erros que os vendedores cometem, que pode lhes custar o negócio, começa com um passo em falso aqui. Com muita frequência os vendedores apresentam-se imediatamente ou fazem muito poucas perguntas antes de se apresentar. O resultado é o mesmo de qualquer maneira. A apresentação é quase sempre genérica e o interesse do cliente esmorece.

Em vez disso, se você tomar o caminho exploratório, devido a tudo o que fez até então, pode capitalizar na provável disposição de seu cliente de conversar sobre as necessidades dele. Você "deu" e agora leva tempo para "receber". Você já está pronto para a transição ao Passo 2.

Na transição para sair da Abertura, pergunte a seu cliente se você pode lhe fazer algumas perguntas. Introduza esse pedido com um benefício ao cliente. Por exemplo:

Antes de eu partilhar com você nosso..., para que eu possa me concentrar no que é mais importante para você, posso lhe fazer algumas perguntas?

ou

Para que eu possa me concentrar em suas prioridades, eu gostaria primeiro de saber mais sobre... Posso lhe fazer algumas perguntas?

ou

Antes de eu tratar de nossas capacidades (idéias, recomendações...) para entender..., posso lhe perguntar o que...?

Ao serem informados desse *passo*, alguns vendedores perguntam como isso funcionaria se fosse uma reunião de follow-up e eles já tivessem identificado as necessidades. Sem dúvida, esta é uma pergunta válida. Naturalmente, as informações se acumulam de uma visita para outra. Quando você já entende bem as necessidades, seria inapropriado e irritante para seus clientes se você apresentasse as mesmas informações.

No entanto, mesmo quando você acredita ter pleno entendimento das necessidades, comece cada nova visita com algumas investigações para se certificar de que está atualizado sobre qualquer encaminhamento novo. Fazer algumas perguntas ajuda igualmente a engajar de novo seus clientes e os leva a participarem ativamente da reunião. Regra geral: *Antes de apresentar suas capacidades, receba as informações do cliente.*

Se você demonstra estar **preparado** e **interessado** em saber sobre as necessidades do cliente, o número de clientes que se recusarão a conversar sobre elas será pequeno e inexpressivo. Se os clientes recuarem, dizendo: *"Eu gostaria de saber o que você tem a dizer"*, faça isto, mas não vá longe demais, falando exaustivamente sobre um produto. Dê informações durante um ou dois minutos e então pergunte:

O que acha disto?

ou

Até que ponto isso corresponde ao que você estava pensando?

A maioria dos clientes é incapaz de resistir em lhe dar sua opinião.

Os clientes que ainda assim se recusarem a partilhar informações sobre suas necessidades podem estar sinalizando a falta de interesse no produto ou sentimentos negativos sobre o relacionamento com você ou com sua organização. Ou eles simplesmente podem não dispor de tempo.

Checagem Opcional do Tempo

Muito provavelmente, ao programar sua visita de vendas, você estabeleceu o tempo que teria para a reunião. Logo, em geral, não é necessário marcar o tempo. Entretanto, se você quer verificar se ainda tem o tempo previsto, faça isso depois de expor os benefícios da reunião e antes da transição para as necessidades. Por exemplo, *"Você mencionou em nosso contato por telefone que teríamos cerca de 45 minutos. Assim está bom para você?"* ou *"Ainda dispõe desse tempo?"* Mas se você estabeleceu a duração da visita antecipadamente, a não ser que o cliente costume encurtar reuniões, isso não é necessário.

Uma abertura forte

Você pode estar pensando que a visita estaria terminada depois de ter feito tudo isso. Na verdade, há 4 Ações no Passo 1 — Conectar-se. Entretanto, uma vez que você dominou e colocou as ações em prática, ainda verá que todas juntas não levam mais que alguns minutos. A vantagem é que então você estará completamente preparado para explorar necessidades.

Por exemplo, *Olá Nancy. Sou Carol Marino da X. Obrigada pela reunião de hoje. John achou que deveríamos nos reunir* (para as primeiras reuniões). *Ele é um sujeito excelente e sempre teceu elogios a você. Ele mencionou que você acaba de se mudar... O que está achando desta área...?* (construção de relação pessoal)... *Li no jornal que a empresa está abrindo escritórios em...*

Você esteve envolvido em...? (relação profissional)... *Como disse, John achou que deveríamos fazer uma reunião... uma vez que temos feito muito trabalho em... com... John fez um breve relato e, ao me preparar para nossa reunião, li sobre sua nova estratégia em seu site na internet. Também falei com nossos especialistas* (resumo de eventos e preparação para a alavancagem). *Hoje eu gostaria de saber mais sobre seus objetivos para... e... partilhar com você nosso... O que acha disso?* (objetivo duplo e checagem)... *Então eu posso me concentrar no que é importante para você em... antes que eu... posso lhe fazer algumas perguntas para entender melhor seus objetivos para...* (transição para necessidades)?

A variável principal no Passo 1 é o momento gasto na relação pessoal. É fácil saber quando você inicia o Passo 1. Mas é muito importante ter ciência do que compõe o "Conectar-se" de modo que você não se apresse e saiba quando está terminando essa etapa. O que acontece entre o *olá* e o fim do Passo 1 estabelece sua conexão, e o que acontece quando você sai do Passo 1 dá a direção do diálogo a seguir.

Passo 1: conectar-se

- **Ação 1:** Cumprimento/Relação Pessoal Estimulante

- **Ação 2:** Resumo de Acontecimentos/ Preparação para Alavancagem

- **Ação 3:** Objetivo Duplo e Checagem

- **Ação 4:** Transição para Necessidades

Ferramentas e plano de ação

- Para reforçar o Passo 1: Conectar-se, use o Questionário referente a Conectar-se Pré-Visita e Pós-Visita, nas páginas 38 a 39, antes e depois de suas próximas visitas de vendas.

- Para ajudá-lo a se preparar, entre no site do cliente atual ou potencial, use seus recursos, verifique seu CRM (programa de Gerenciamento de Relações com o Cliente), acesse colegas e dê um telefone antes da visita para ajudá-lo a fazer sua pauta.

- Para baixar ferramentas para seu computador, telefone ou laptop, **visite http//www.richardson.com/Resource-Center/Perfect-Selling-Tools/** e digite em Nome do usuário: **perfectseller** e Senha: **Richardson**.

PLANEJADOR PRÉ-VISITA – CONECTAR-SE

Cliente: *Data:*

Objetivo da visita

- **Cumprimento/Apresentação**

- **Relação**
  - Relação pessoal

  - Relação profissional

- **Resumo de Acontecimentos/Preparação para Alavancagem**
  - Recapitule o que levou à visita de vendas

  - Alavanque sua preparação

- **Objetivo Duplo e Checagem**
  - Declaração de aprender sobre os objetivos do cliente/fazer atualização

© 2008 Linda Richardson

(Para acessar as ferramentas e o teste de Venda Perfeita, vá para **http://www.richardson.com/Resource-Center/Perfect-Selling-Tools/** e digite o Nome do usuário: **perfectseller** e a Senha: **Richardson**).

PLANEJADOR PRÉ-VISITA – CONECTAR-SE (*CONTINUAÇÃO*)
▪ Benefício potencial ao cliente
▪ Pergunta de checagem do alinhamento
▪ **Credenciais Suas e/ou da Organização (se necessário)**
▪ **Transição para Explorar**
▪ Ganhar a concordância do cliente para responder a algumas perguntas

(Para acessar as ferramentas e o teste de Venda Perfeita, acesse **http://www.richardson.com/ Resource-Center/Perfect-Selling-Tools/** e digite o Nome do usuário: **perfectseller** e a Senha: **Richardson**).

QUESTIONÁRIO PÓS-VISITA – CONECTAR-SE

Cliente: *Data:*

Objetivo da visita

	Sim	Não	Observações/Passos da Ação
Cumprimento/Apresentação	☐	☐	
■ Cumprimentei/apresentei-me muito bem			
■ Causei uma boa impressão com um piscar de olhos			

Relação Pessoal Estimulante	☐	☐	
■ Construí a relação pessoal			
■ Construí a relação profissional			

Resumo/Preparação para Alavancagem	☐	☐	
■ Resumi o que levou à visita e à preparação alavancada			

© 2008 Linda Richardson

(Para acessar as ferramentas e o teste de Venda Perfeita, acesse **http://www.richardson.com/Resource-Center/Perfect-Selling-Tools/** e digite o Nome do usuário: **perfectseller** e a Senha: **Richardson**).

QUESTIONÁRIO PÓS-VISITA – CONECTAR-SE (*CONTINUAÇÃO*)

	Sim	Não	Observações/Passos da Ação
Objetivo Duplo/Checagem	☐	☐	
■ Apresentei o objetivo duplo de aprender mais e concentrar a visita nos benefícios ao cliente			

Transição para Explorar	☐	☐	
■ Fiz a transição pedindo a concordância do cliente para fazer as explorações			

- Você continuará a trabalhar no Passo 1: Conectar-se, ou passará para o Passo 2: Explorar?
- ☐ Continuar a trabalhar no Passo 1
- ☐ Passar para o Passo 2.

© 2008 Linda Richardson

(Para acessar as ferramentas e o teste de Venda Perfeita, vá em **http://www.richardson.com/Resource-Center/Perfect-Selling-Tools/** e digite o Nome do usuário: **perfectseller** e a Senha: **Richardson**).

2
Explorar

"A maioria dos atores não sabe quanto ouro há em uma
cena quando apenas se ouve."

Spencer Tracy

O ponto de partida

As necessidades do cliente são o ponto de partida do diálogo de vendas. Suas perguntas geram energia e sua escuta lhe permite garimpar o ouro que existe em todo diálogo. A visita perfeita para os clientes começa quando eles acham que as necessidades deles são entendidas.

Assim como uma linha reta é a menor distância entre dois pontos, entender as necessidades do cliente é a rota mais rápida para se fazer uma venda. Não pode acontecer nada muito bom em uma venda sem um conhecimento sólido das necessidades do cliente. Sem questionar e ouvir é quase impossível você transformar seus produtos em soluções para o cliente, e saber o que o cliente pensa e quer atingir. É um entendimento fraco das necessidades, mais do que um orçamento fraco ou concorrentes fortes, que impõe o maior obstáculo para se fechar um negócio. Para parafrasear Spencer Tracy, "A maioria das pessoas não percebe quanto ouro existe em uma visita de vendas, quando apenas se ouve". Ao fazer perguntas e ouvir os seus clientes, você pode internalizar o ponto de vista do cliente de modo que ele o veja como um aliado *e não como* alguém que esteja simplesmente querendo vender.

Você entende as necessidades de seus clientes?

Muito provavelmente sua resposta seja sim, e você está certo — até certo ponto. Você faz perguntas e ouve respostas a fim de entender o que seus clientes estão tentando obter. Mas como diz a expressão, há entendimentos e entendimentos. Perguntar e ouvir abre a via para o entendimento. Se você pensar em suas visitas de vendas, qual é a relação entre o quanto você fala e ouve? No mínimo, você deveria ouvir tanto quanto fala. De fato, se você pensa nos 5 Passos como bandas, o Passo 2, Explorar, será a banda maior.

Infelizmente, embora entender as necessidades do cliente seja reconhecido como o aspecto mais importante para a venda, o Passo 2 não recebe a devida consideração. Tradicionalmente, os vendedores pensam em si mesmos como "homens que recebe resposta para tudo", portanto, é fácil para eles falarem, em vez de perguntarem e ouvirem. Os vendedores também são orientados para ação, e ouvir parece consumir tempo demais e exigir uma atitude passiva. Além disso, há a preocupação entre os vendedores de que se eles fizerem muitas perguntas podem perder o controle do diálogo ou se ver em áreas que não estão preparados para discutir ou que não querem tratar.

"Dialogue... para descobrir idéias novas não disponíveis individualmente."

Peter Senge

Talvez a parte mais difícil do questionamento seja desenvolver a disciplina para continuar a fazer perguntas. Ouvir e saber que é preciso resistir ao instinto de se adiantar com a resposta ou opinião é algo que requer paciência. Se você conseguir conter o julgamento e explorar como se fosse um **detetive investigativo**, antes de saltar para as soluções, isso pode mudar toda a dinâmica de seu diálogo. É quando você está perguntando e ouvindo, como um "detetive", que se cria um verdadeiro diálogo. "diálogo" do latim *dialogus*, significa aprender — e aprender está mais relacionado a adquirir, e não a dar informações.

Perguntas não só revelam necessidades, mas também ajudam a direcionar o pensamento de seu cliente. Elas fazem o cliente focar nos tópicos que você quer tratar. Se você simplesmente introduz um tópico a partir de sua perspectiva, pode provocar a defensiva de seu cliente. Adiantar-se e dar sua opinião antes de saber a perspectiva do cliente, provavelmente o fará se opor a ela. Entretanto, ao usar perguntas para ampliar um tópico, em certo sentido você está usando a "porta do fundo", e você pode chegar junto com o cliente ao assunto a ser tratado.

A qualidade de suas perguntas mostra a seu cliente que você pode agregar valor. Suas perguntas ajudam os clientes a pensarem nas necessidades deles mais plenamente. E suas perguntas o ajudam a manter a relação pessoal, demonstrando seu interesse pelo cliente. O mais importante — as perguntas lhe permitem ouvir e saber o que é necessário para atender às necessidades do cliente.

Enquanto você pensa em como usar as perguntas, seja honesto.

Que perguntas você faz?
Você acha que faz perguntas suficientes?

Entender as necessidades do cliente será muito mais fácil se você puder fazer a pergunta: "Quais são suas necessidades?" Esta pode parecer uma forma perfeitamente razoável de descobrir necessidades, mas na maioria das situações essa pergunta é ampla demais. É provável que as respostas do cliente sejam igualmente amplas, deixando-o com respostas gerais ou evasivas. Essa pergunta também coloca o ônus no cliente e torna-o responsável por fazer a maior parte do trabalho. Além disso, ela supõe que o cliente já tenha pensado em todas as necessidades que o seu produto ou serviço pode atender.

Com base em meu trabalho extenso com vendedores, as dificuldades que eles apresentam em fazer perguntas abrangem um ou mais dos aspectos a seguir:

- **Fazem a apresentação cedo demais:** Descrevem aspectos e benefícios antes de explorar as necessidades.

- **Fazem muito poucas perguntas:** Deixam de fazer perguntas fundamentais.

- **Usam tipos limitados de perguntas:** Focam apenas em perguntas técnicas em vez de fazer perguntas estratégicas.

- **Fazem perguntas sem um fluxo lógico:** Perguntam de uma forma desorganizada e incompleta e começam com perguntas técnicas.

- **Ficam na superfície:** Passam para a pergunta seguinte de sua "lista" em vez de explorar mais a resposta do cliente para "descobrir a mina".

- **Perguntam tarde demais:** Mostram interesse nas necessidades do cliente no final do ciclo de vendas — só depois que o cliente perdeu interesse na venda.

As perguntas estão para as vendas assim como o combustível está para o motor.

Fazer perguntas é muito mais do que uma habilidade. É uma forma de pensar. A maneira como você pensa e usa perguntas durante uma visita de vendas revela muito sobre como você vê os seus clientes. Ao fazer perguntas, você sinaliza para seus clientes que sente que eles são inteligentes e perceptivos. Você mostra que acredita que eles conhecem o negócio deles e têm a capacidade de lhe dizer como vender para eles. A maneira como você usa as perguntas transmite como você se vê — especialista, consultor, autoridade, colaborador, professor, treinador, parceiro...

Saber perguntar requer uma disciplina automatizada. Vendedores que sabem fazer perguntas entendem profundamente que podem acrescentar valor e ser mais persuasivos usando perguntas. Os fortes investigadores são fortes, de um modo geral, quando se trata de fazer perguntas porque para eles sondar é uma forma de pensar, um instinto natural. Eles sabem como sondar sem parecerem promotores de justiça.

Vale a pena desenvolver a disciplina de sondar. Por exemplo, um vendedor que vendia piso para escolas percebeu que para atingir sua meta trimestral ele teria de chegar ao superintendente das escolas. Mas sua reunião conseguida a tanto custo com o superintendente não lhe permitiu atingir seu objetivo. Depois de construir uma relação pessoal, ele fez uma apresentação de slides com seus produtos e serviços. No final dela, o superintendente disse: "Achei alguns slides interessantes mas todos aqueles sobre forração com carpete não se aplicam a nós, visto que não usamos carpetes". A mentalidade que levou o vendedor a fazer a apresentação de slides antes de sondar foi a mesma que o levou a perder a chance de investigar quais os slides que seriam de interesse do superintendente. Se o vendedor tivesse o hábito de sondar, a reunião poderia ter tido um final diferente.

Ter uma estrutura para suas questões é uma maneira de criar disciplina. **O Passo Explorar é formado de 4 Ações**. Estas fornecem um fluxo para que suas perguntas sejam organizadas e sigam uma sequência natural. Você pode alavancar seu conhecimento e experiência à medida que formula suas perguntas e maximiza as respostas do cliente.

As 4 Ações são:

- **Ação 1: Questões sobre Objetivos:**

    Quais são seus *objetivos* para...?

    especifique

- **Ação 2: Questões sobre a Situação Atual:**

    O que você está fazendo *atualmente*...?

    especifique

- **Ação 3: Questões Técnicas:**

    Quantos...? (detalhes relacionados ao produto)

    especifique

- **Ação 4: Questões sobre Necessidades Pessoais e Futuras:**

    Quais são as *futuras necessidades* que você prevê?

    especifique

    Qual é o aspecto *mais importante* para você?

    especifique

Os clientes devem sentir que foram ouvidos.

A sequência de perguntas em cada passo da Ação vai de questões mais amplas, estratégicas, para questões mais técnicas e restritas. Se a idéia de uma sequência fixa parece mecânica, que seja. Afinal, há um elemento mecânico (passo a passo) em tudo o que é criativo, desde a corrida de Nascar[1] ao balé. A arte consiste na execução. Fazer perguntas, ouvir e então especificar ajuda-o a se posicionar perante seus clientes como um consultor confiável — o primeiro a ser chamado quando eles precisam de alguma coisa.

Não se Trata de uma Lista de Questões

As 4 Ações seriam, de fato, mecânicas se fossem apenas uma lista de questões consecutivas. Em vez disso, cada questão desencadeia **perguntas específicas baseadas na resposta do cliente**. Sua função é ouvir de modo que você possa sondar a resposta do cliente e então

---

1. Nascar – National Association for Stock Car Auto Racing – fundada em 1947, criou um conjunto de regras para competições de stock-car e estabeleceu um sistema para a seleção de um campeão nacional, com base no desempenho em corridas realizadas em todo o país.

passar para sua próxima pergunta ou começar a falar. Ter uma sequência para suas perguntas o ajudará a receber informações fundamentais.

Ir mais fundo nas respostas de seu cliente lhe dará uma vantagem competitiva porque você terá um entendimento mais profundo das necessidades dele. Cada questão que você faz abre uma porta para um aspecto específico até que você adquira o nível de informação de que precisa — antes de passar para a próxima ação.

Embora as 4 Ações o orientem em sua linha de questionamento, o conteúdo real, o tom e a formulação das questões que você faz são seus — naturais, refletindo seu conhecimento e completamente adaptados à situação porque as questões específicas que você faz se baseiam nas respostas de seu cliente.

Vamos examinar cada Ação.

Ação 1: Questões sobre Objetivos — a Melhor Primeira Questão

A primeira questão que você faz é uma etapa pivô na visita. Você trabalhou muito para preparar essa questão. Você estabeleceu uma ligação através da relação pessoal. Alavancou sua preparação. Posicionou seu objetivo e benefícios. Você perguntou e recebeu a concordância do cliente para responder a algumas questões. Ganhou o direito de fazer perguntas. "Deu" e agora poderá "receber". Está em condição de fazer essa primeira pergunta "mágica".

Faça a Pergunta sobre Objetivos

Esta pergunta é mágica porque lhe dá uma visão "de tapete voador" que você não teria se não a fizesse. Ao perguntar: "Quais são seus objetivos para...?", você demonstra ter um pensamento estratégico e ganha uma visão que vai além dos dados.

A maneira como você coloca essa questão faz diferença no tipo de resposta que você recebe. Introduza nessa questão ampla um benefício ao cliente, uma razão para perguntar, ou declare o que você sabe sobre a situação, a fim de encorajar seu cliente a dar uma resposta mais completa.

Por exemplo, se o seu propósito é discutir como você poderia dar apoio ao cliente na expansão internacional você pode perguntar:

> "A respeito de sua expansão internacional, para ver como poderíamos lhe dar apoio, **quais são seus objetivos para...?**"

ou

> "Eu li sobre seu... **para que eu possa me concentrar no que seria mais relevante para você... Quais são seus objetivos para...?**"

ou

> "Em seu telefonema você mencionou que sua prioridade é... **Quais são seus objetivos para...?**"

A questão sobre objetivos, por ser direta, é um desafio até para um vendedor experiente fazer. Em uma sessão de treinamento, podem ser necessárias várias tentativas para eles perguntarem: "Quais são os seus objetivos para...?"

Uma vez que você faz a pergunta sobre objetivos, trate a resposta do cliente como sagrada. Não diga nem faça nada que corte o fluxo do que o cliente está dizendo. Fico constrangido quando os vendedores quebram a mágica da Pergunta sobre Objetivos, interrompendo com uma pergunta inter-relacionada ou começando a apresentar informações. Eles perdem a chance de aprender e estabelecer uma ligação com o cliente.

Enquanto seu cliente descreve os objetivos, você deve detectar palavras genéricas nas respostas do cliente. À medida que você examina mentalmente, procure palavras que sejam vagas, ambíguas, emocionalmente carregadas ou enfatizadas. Reconheça-as e faça perguntas específicas para saber mais. Dedique tempo para perguntar e continuar a sondar os objetivos dos clientes.

Diálogo é o modo como você recebe e transmite idéias para seus clientes.

Você não pode gastar tempo demais nas questões sobre objetivos. É nesse momento que você sonda mais para explorar a resposta de seu cliente e a usa como plataforma para perguntar detalhes. Por exemplo, se o cliente diz: "Queremos expandir para novos mercados globais e colocar nosso pessoal em novos territórios", primeiro reconheça este objetivo. Então investigue para saber sobre o "negócio global". Ouça e continue a demonstrar interesse e a sondar mais para entender melhor os novos mercados e por que há necessidade de colocar as pessoas em novos territórios.

Ou se o seu cliente diz: "Um dos objetivos fundamentais é nos tornarmos um dos melhores cinco... no ano..." demonstre aprovação e investigue a razão que leva a esse objetivo, por que a data-alvo e assim por diante. Se o cliente diz: "Estamos procurando uma parceria para fazer aquisição", investigue o que o cliente quer dizer com "parceria", se o cliente tem em mente empresas como parceiras, por que a estratégia de parceria, e se o cliente pensa em um candidato à aquisição. Se você tratar superficialmente a resposta a uma questão sobre objetivos, perderá informações críticas.

Uma regra prática para o diálogo sobre necessidades é demonstrar entendimento e sondar respostas de seu cliente sobre objetivos pelo menos uma vez antes de passar para a questão seguinte. Uma vez que você investigará mais, valorizar o que o cliente diz é muito importante para mantê-lo motivado a lhe dar respostas.

Depois de entender o objetivo que seu cliente descreveu, e tendo-o sondado, verifique se há outros objetivos e explore-os. Por exemplo, *"Entendo... é importante, principalmente com... Agradeço-lhe por dedicar seu tempo em ajudar-me a entender isso plenamente. Que outros objetivos você tem?"* Só depois que seu cliente lhe disser todos os seus objetivos, você poderá passar para a Ação 2.

Se o seu cliente identificar vários objetivos de uma vez, investigue para entender o máximo que puder sobre cada objetivo antes de tentar entender a prioridade dessas necessidades.

Muitos vendedores não têm certeza de quais serão suas primeiras perguntas. Com frequência a primeira pergunta que fazem é técnica, como "O que vocês estão fazendo agora em...?", "Quantos... você usa cada mês?" Embora essas sejam perguntas necessárias, não são as melhores que você deve fazer primeiro, por serem restritivas. Embora fazer qualquer pergunta seja melhor do que apresentar informações imediatamente, sem fazer uma sondagem, as questões técnicas são táticas demais para iniciar um diálogo mais profundo sobre as necessidades do cliente. Comece com perguntas sobre objetivos.

Ação 2: Questão sobre a Situação Atual

Uma vez entendido o quadro geral, é hora de obter detalhes.

Pergunte: "O que você está fazendo atualmente em...?" ou "Como você... atualmente?"

e continue a examinar as respostas de seu cliente de modo que possa entender e ir mais fundo. Investigue para entender o nível de satisfação. Por exemplo, se você pergunta sobre a atual situação e seu cliente diz: "Tentamos várias coisas, mas não ficamos satisfeitos com os resultados. Tem sido muito frustrante. Na verdade, é por isso que estamos conversando com algumas outras empresas", você poderia dizer:

"Sem dúvida, isso é decepcionante (compreensão/reconhecimento). Estamos satisfeitos por conversar com você a respeito disso, uma vez que é uma área em que tivemos um sucesso significativo. Para que eu possa pensar como poderíamos ajudar, diga-me o quê vocês tentaram fazer?"

Então faça uma sondagem — especifique — para descobrir como aquilo tem funcionado e o que o cliente quer mudar. E, uma vez que o cliente introduziu o assunto dos concorrentes, esta também é uma excelente oportunidade para perguntar: "Você mencionou estar em contato com outras empresas. Para entender o que você está considerando, com quem você tem falado?"

De palavra em palavra,
os clientes chegam lá.
De palavra em palavra,
você chega lá.

Ação 3: Questões Técnicas

Depois de entender a atual situação do cliente, uma extensão natural desse diálogo é você fazer suas perguntas-chave técnicas relacionadas ao produto, como: "Quantos... você tem? Que tipo de... você está usando? Como os... estão estruturados?" de modo que tenha todos os dados de que precisa para maximizar as capacidades que irá propor.

Se você quer que seus clientes fiquem animados com suas soluções, precisa demonstrar interesse pelas necessidades deles.

Ação 4: Questões sobre Necessidades Pessoais e Futuras

Necessidades Futuras

Por ora, você pode pensar que está pronto para começar a falar sobre seus produtos ou idéias. Mas se você continuar a investigar um pouco mais, pode obter dois benefícios. Primeiro, você pode mostrar que seu principal interesse é o relacionamento, e não a transação comercial. Segundo, obterá informações que o ajudarão a afinar e a diferenciar sua solução, com base no que está por vir.

Por exemplo, você pode perguntar: "Para que eu possa levar em consideração qualquer iniciativa futura que influencie o que recomendamos, em que precisamos ficar atentos, sobre o que pode vir a acontecer?"

Como se poderia esperar, continue a demonstrar interesse e a sondar, enquanto for necessário. Sondar além da necessidade imediata requer disciplina, mas compensa os poucos minutos a mais que você leva.

Necessidades Pessoais

Então investigue as necessidades pessoais para estabelecer uma ligação e ganhar esclarecimentos adicionais. Os clientes compram de vendedores que entendem o que eles querem e se importam com o que está em jogo para eles. O cliente está basicamente motivado por um desejo de dominar a participação de mercado? O cliente está mais motivado por ser reconhecido como um negociador difícil? É importante para o cliente instituir uma mudança? O emprego do cliente está na berlinda? Não suponha que você saiba o que está motivando pessoalmente seu cliente e vá em frente. Os clientes tomam decisões com base em como uma solução atende não apenas as necessidades deles mas também o que está os dirigindo pessoalmente.

Ter *insights* pessoais requer tato, a sensibilidade e a capacidade de aproveitar as oportunidades que seus clientes lhe dão para sondar. Não pergunte direta ou agressivamente sobre os motivos pessoais na maioria das situações. Os clientes revelam através de palavras, tom de voz e linguagem corporal quais são suas motivações pessoais. Eles fornecem pistas, como ênfase em palavras ou a maneira de formular uma frase, que, se você captar, poderá investigar. Por exemplo, um cliente poderia dizer: "Tenho muito a ganhar com isto" (ressaltando "muito"). Demonstrando compreensão e interesse, pergunte: "Eu sei que isso é muito importante para você. Em que sentido você diz 'ter muito a ganhar com isto'?", assim você saberá quais são as motivações pessoais do cliente e fortalecerá sua ligação pessoal.

Mesmo que o seu cliente não ofereça abertura para sondar as motivações pessoais dele, você pode fazer perguntas a ele. Por exemplo:

"Eu sei quanto interesse há nesta iniciativa. Qual é o aspecto mais importante dela para você?"

A maneira de formular essas perguntas deve ser respeitosa e, às vezes, indireta. Evite a pergunta: "O que o faz ficar acordado à noite?" porque isso pode fazer o cliente ficar na defensiva. Além de ser usada demais por alguns vendedores, essa pergunta pode ser pessoal demais e, também, bastante desrespeitosa. Talvez o cliente durma bem!

Para resumir, os bons vendedores sabem como obter esclarecimentos. Sua função é ouvir atentamente, demonstrar interesse pelo que o cliente diz e continuar a sondar até que saiba o suficiente para oferecer uma boa solução.

Para ter um entendimento além do superficial, você precisa ir mais fundo.

Questões sobre implementação

À medida que você faz perguntas sobre objetivos, a situação atual e assim por diante, provavelmente obterá informações sobre a implementação. Estas incluem dados sobre o processo de decisão do cliente, prazos, orçamento, concorrentes que o cliente está considerando, como o cliente se sente em relação a eles e como se compara a eles, bem como acontecimentos críticos que levam à decisão de compra. Por exemplo, como parte da descrição de seus objetivos, um cliente pode incluir o prazo ou o evento crítico que dirige o objetivo — como: "Estamos tentando... e precisamos do sistema implantado no segundo trimestre porque..."

Entretanto, quando nenhuma informação sobre a implementação foi discutida no decorrer do diálogo, é fundamental para você tomar a iniciativa e perguntar. Por exemplo:

- **Processo de decisão:** "Uma vez que você analisar isto, o que mais estará envolvido em seu processo de decisão?"

- **Concorrentes:** "Para que eu possa entender o que você pensa e os aspectos que está considerando, com quem mais você está conversando?"

- **Prazo:** "Para que eu possa atender a suas expectativas, qual é seu prazo?" ou "Você mencionou que a data X estava definida. Para que eu possa entender plenamente, posso lhe perguntar por que essa data foi fixada?"

- **Orçamento:** "Para que eu possa ter uma noção do que você está pensando, enquanto formulo minha proposta, qual é o orçamento que você dispõe?"

> Suas perguntas lhe dão uma noção clara do que o cliente pensa.

Explorando em visitas de follow-up

Se você está vendendo um produto ou serviço, é possível que seus clientes já saibam disso, e continuarão a saber mais, durante todo o ciclo de vendas. Portanto, você deve continuar a observar o que seus clientes sabem, como pensam e o que é preciso para vender a eles. Se você não continuar sua sondagem durante todo o ciclo de vendas, pode enfrentar surpresas não bem-vindas.

Certamente, nas visitas de vendas de follow-up com seu cliente, como foi mencionado antes, não é necessário tratar de detalhes já discutidos. Mas, uma vez que as necessidades e o conhecimento do cliente evoluem, é necessário continuar a sondagem e ouvir para ficar a par dessas alterações. Durante o ciclo de vendas, continue a aprender mais sobre as necessidades deles e que opções estão disponíveis aos clientes. Eles podem buscar na internet ou conversar com seus concorrentes. Sondar e ouvir em cada contato o manterá atualizado, reforçará o foco de seu cliente e manterá seus clientes engajados.

Em visitas de follow-up, use perguntas para:

refinar seu entendimento das necessidades

obter novas informações

obter feedback

saber onde colocar ênfase

saber sobre mudanças

entender novas prioridades

identificar e receber sugestões de

novas pessoas que podem ter influência

e tomar decisões.

Construir, introduzir, especificar

Como é provável que você faça mais sondagem do que pode ser de seu costume, é importante dar sustentação à sua estratégia de fazer perguntas com habilidades efetivas que deixarão tanto você quanto o cliente à vontade durante a sondagem.

Há três habilidades para realizar a sondagem individual ou conjunta que elevam o nível das perguntas e criam diálogos consistentes.

As habilidades são:

- **Construir**
- **Introduzir**
- **Especificar**

Construir

A perguntas são construídas como abertas ou fechadas. Quase todos os vendedores sabem o valor de se estruturar perguntas de modo que elas sejam abertas ou fechadas. As perguntas abertas são do tipo *o quê* e *por que*, e permitem explorar tópicos e encorajar um diálogo consistente. As perguntas fechadas levam a respostas limitadas, do tipo *sim/não*. Faça perguntas fechadas quando você busca uma resposta definitiva, como perguntar sobre uma ação sua. Mas lembre-se, as perguntas abertas levam a diálogos ricos.

Introduzir

Introduzir é uma habilidade poderosa, ela prepara o cliente para uma pergunta e o encoraja a dar uma resposta mais completa. Você pode iniciar uma pergunta introduzindo um benefício ao cliente, concordando ou compreendendo algo que o cliente disse ou que você sabe que é relevante para o cliente, trocando informação e alavancando seu conhecimento, ou posicionando a força de sua organização ou produto, um "micro comercial".

Por exemplo:

Introduzindo com Benefícios ao Cliente:

"Para que eu tenha uma noção melhor de como poderíamos lhe dar apoio nisso, quais são...?"

Introduzindo com Reconhecimento:

"Você mencionou que tentou algumas iniciativas. Que tipo de coisas você tentou?"

Introduzindo com Informações Comerciais/Alavancando Seu Conhecimento:

"Vocês estão vendo um aumento em...

com alguém de nosso...

clientes que estão buscando...

O que o está levando nessa direção?"

Introduzindo com um "micro comercial":

"Você mencionou seu interesse na empresa X.

Tivemos um forte relacionamento com eles durante alguns anos.

Qual é seu interesse neles?"

Ao oferecer o benefício a seu cliente, você mostra que ouviu e quer entender mais para agregar valor. Quando você demonstra interesse, também mostra que ouviu e que respeita e se importa (não necessariamente concorda) com o que o cliente disse. Informações comerciais lhe permitem alavancar seu conhecimento e experiência e estimulam uma ação recíproca do cliente. Posicionar rapidamente uma força ajuda-o a construir sua credibilidade e a incentivar uma resposta.

Especificar

Especificar é a habilidade de aprofundar o diálogo. Permite ganhar o entendimento pleno das necessidades e pensamentos do cliente. Ouvir atentamente é a chave para especificar. Exige disciplina na medida em que você guarda suas idéias e sua próxima pergunta. Essa habilidade **também é alimentada por uma curiosidade sincera em saber mais**. Especificar pode exigir que se faça várias perguntas. Por exemplo, se uma cliente diz que tentou várias opções, uma vez que você admite e explora essas opções, pode prosseguir a sondagem para explorar as opções específicas de modo que possa definir persuasivamente o que você recomenda.

Especificar o impede de mudar de assunto cedo demais ou de expor sua opinião antes de saber o suficiente para dar uma resposta que será convincente e o ajudará a vender. Um vendedor perdeu uma oportunidade importante para especular, necessária para desenvolver sua solução. Quando o cliente lhe perguntou se o produto dele era genérico ou customizado, ele posicionou com eficiência a flexibilidade da empresa em oferecer ambos. Infelizmente, ele não perguntou o que o cliente preferia. Parece uma pergunta óbvia, mas não é. Falhas como essa acontecem o tempo todo. Ao desenvolver uma disciplina de ouvir e especificar, você pode evitar essas falhas comuns.

A especificação (ou detalhamento) é necessária porque os clientes com frequência não são específicos. Há muitas interpretações e possibilidades no que eles dizem. Sem perguntas para especificar você não pode saber **exatamente o que seus clientes estão pensando.** Se os seus clientes são vagos, você só pode fazer suposições sobre o que eles querem dizer. Mesmo clientes colaboradores podem não responder objetivamente à sua pergunta, e se você não especificar, não obterá as informações de que precisa. Por exemplo, quando um vendedor perguntou a seu cliente: "Quais são os seus objetivos para...?", ele respondeu: "Queremos ser de categoria mundial". Lembrando-se da habilidade de especificar, em vez de passar para sua próxima pergunta, ele mentalmente recuou e sondou o que seria "categoria mundial".

> Uma vez que o cliente de hoje sabe mais, você precisa perguntar mais
> e falar menos.

Tom usado nas perguntas

A maneira como você faz perguntas influi nas respostas que recebe. Ao recorrer à introdução, você pode ajudar seus clientes e a si mesmo a se sentir à vontade com suas perguntas. Um tom genuíno, que mostre interesse e curiosidade em vez de ser judicioso ou atender a interesses próprios, estimula o diálogo franco. Por exemplo, se o seu cliente lhe diz que ele fez X e você acha que esta não seria a melhor conduta, tente uma pergunta como: "John, para que eu possa entender como você planeja usar isso, posso lhe perguntar o que você estava pensando ao escolher X?" Isso lhe dará a informação de que precisa e o ajudará a manter uma relação pessoal. Em contrapartida, uma pergunta como: "Por que você faria isso?" enunciada com um tom judicioso, poderia travar a comunicação.

"Dar"
ou
"receber"?

Alavancando o que você aprende

Ao ter uma progressão de como fazer perguntas, sua indagação será mais completa e organizada. Será mais fácil para você e para seu cliente. Ajudará você a evitar pausas que enfraqueçam o diálogo. Embora alguns segundos de silêncio possam ser muito bons, às vezes, os vendedores param de sondar porque ficam perdidos, sem saber o que irão perguntar em seguida — então começam a fazer uma apresentação ou tentam encurtar a reunião.

Perguntar e ouvir são a metade da batalha. A outra é não desperdiçar as informações que você coleta à medida que formula e apresenta sua solução. Fazer anotações o ajudará a maximizar as informações obtidas. As anotações são valiosas durante a visita, depois da visita, para preparar futuras visitas, e para fazer um follow-up impecável.

Ao se disciplinar sobre como e quando usar perguntas, você pode mudar a natureza dos diálogos com seus clientes. Você aprenderá mais e terá mais tempo para conversarem.

Quando você falar, seus clientes estarão mais preparados e dispostos a ouvi-lo, e o que você disser será mais convincente.

Como diz um cliente: **"Eu posso dizer se os vendedores estão interessados em mim pelas perguntas que me fazem"**.

Quanto mais tempo você passa fazendo perguntas e ouvindo, menos tempo passará *tentando* fechar a venda.

Mude sua relação
falar/ouvir.

passo 2: explorar

- **Ação 1:** Questões sobre Objetivos

- **Ação 2:** Questões sobre a Situação Atual

- **Ação 3:** Questões Técnicas

- **Ação 4:** Necessidades Pessoais e Futuras

PLANEJADOR PRÉ-VISITA — EXPLORAR

Cliente: *Data:*

Objetivo da visita

- **Questões sobre Objetivos**

- **Questões sobre a Situação Atual**

- **Questões Técnicas**

- **Questões sobre Necessidades Pessoais e Futuras**

© 2008 Linda Richardson

(Para acessar as ferramentas e o teste de Venda Perfeita, vá para **http://www.richardson.com/Resource-Center/Perfect-Selling-Tools/** e digite o Nome do usuário: **perfectseller** e a Senha: **Richardson**).

RELATÓRIO PÓS-VISITAS — EXPLORAR

Cliente: _____ *Data:* _____

Objetivo da visita _____

	Sim	Não	Notas/Passos da Ação
Questões sobre Objetivos	☐	☐	
■ Questões sobre objetivos feitas			
■ Demonstrei interesse e pedi especificações/detalhes?			
■ Identifiquei outros objetivos?			

Questões sobre a Situação Atual	☐	☐	
■ Sondei a situação atual?			
■ Demonstrei concordância e pedi especificações?			

Questões Técnicas	☐	☐	
■ Questões técnicas feitas			
■ Demonstrei concordância e pedi especificações?			

© 2008 Linda Richardson

(Para acessar as ferramentas e o teste de Venda Perfeita, vá para **http://www.richardson.com/Resource-Center/Perfect-Selling-Tools/** e digite o Nome do usuário: **perfectseller** e a Senha: **Richardson**).

RELATÓRIO PÓS-VISITAS — EXPLORAR (*CONTINUAÇÃO*)

Questões sobre Necessidades Pessoais e Futuras	Sim	Não	Notas/Passos da Ação
■ Identifiquei futuras necessidades?			
■ Demonstrei concordância e pedi especificações?			
■ Identifiquei motivações pessoais?			

- ■ Você continuará a trabalhar no Passo 2, Explorar, ou passará para o Passo 3, Alavancar?
  ☐ Continue a trabalhar no Passo 2
  ☐ Passe para o Passo 3

© 2008 Linda Richardson

(Para acessar as ferramentas e o teste de Venda Perfeita, vá para http://www.richardson.com/Resource-Center/Perfect-Selling-Tools/ e digite o Nome do usuário: **perfectseller** e a Senha: **Richardson**).

Substrato da Visita de Vendas

Questões:

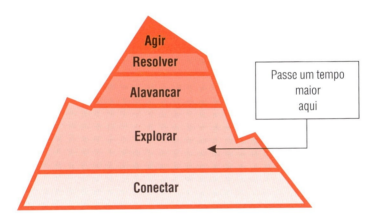

3
Alavancar

Suas palavras têm o poder de transformar produtos em soluções.

Do produto à solução

Ao ouvir seus clientes, você está preparando-os para ouvirem você. Com um sólido entendimento das necessidades, você estará no próximo ponto crítico da visita perfeita de vendas: é o tempo que você terá para alavancar suas capacidades, mostrando como irá satisfazer às necessidades do cliente. É neste momento que você começa a conversar sobre o valor que traz. A alavancagem é a etapa na visita de vendas em que você mais fala, mas não só você — a chave é usar a fala de seu cliente.

Além da palavra *consultivo*, praticamente nenhuma outra palavra em vendas tenha sido tão mal-empregada quanto *soluções*. A maior parte das vezes, o que é chamado de "solução" resulta em um discurso padrão sobre o produto. Evidentemente, é a adequação das características e benefícios às necessidades do cliente que fornece a base para a solução, mas é a linguagem que você usa para posicionar seu produto que se transforma em uma solução e assegura a seus clientes que você os ouviu e é a pessoa que atenderá às necessidades deles.

Converter produtos em soluções não é conversa — é tradução.

Todos nós conhecemos empresas que vendem produtos, mas os clientes compram soluções. Seus aspectos e benefícios fornecem os dados que os clientes precisam para tomar decisões. Mas os clientes precisam de mais do que fatos para assumir um compromisso. Também sabemos que a melhor solução técnica, mesmo a um preço competitivo, nem sempre vence. Isso é porque as decisões de compra são, em parte, emocionais. A maioria dos clientes não só deve pensar que se trata da decisão certa, mas deve **sentir que é a decisão certa**. Seu papel é promover a venda tanto no nível sensível quanto mental. Além de sua solução técnica, é a ligação que você faz com as necessidades dos clientes que lhes permite comprar de você. Não basta apenas entender as necessidades. É essencial incorporar as necessidades e a linguagem em sua recomendação para transformar seus produtos em soluções.

Os vendedores raramente alavancam suas capacidades plenas. Depois de se empenharem tanto para entender as necessidades do cliente, muitos vendedores descrevem seus produtos como se aquele diálogo não tivesse acontecido. Em vez de incorporarem as necessidades e a linguagem do cliente, eles falam sobre seus produtos com a linguagem com a qual entraram. Converter produtos em soluções não é conversa fiada. Não é conversa. É tradução. Uma vez que você entende como o seu produto atende às necessidades do cliente, é sua função deixar que isso transpareça nessa solução.

Para alavancar sua solução, use 3 ações:

- **Ação 1:** Introduza Sua Solução

- **Ação 2:** Customize Sua Solução

- **Ação 3:** Resuma e Cheque o Feedback

Ação 1: Introduza Sua Solução

Ter uma estrutura que funcione é persuasivo. Portanto, comece a falar sobre sua solução introduzindo-a com uma visão estruturada antes de entrar em detalhes. Crie a estrutura, incluindo concisamente os tópicos de todas as partes-chave de sua solução que apóiam as necessidades do cliente identificadas por você.

Ao incluir concisamente todos os elementos-chave, você ajuda a preparar seus clientes para ouvirem e comunica que sua solução leva todas as necessidades deles em consideração. Ademais, isso lhe permite organizar as informações que apresentará em seguida e torna mais fácil para os clientes o acompanharem e compreenderem. Ao reconhecer necessidades, você reforça que ouviu, e ao incluir todas as partes da solução, você mostra que ela está completa.

Por exemplo, se a solução envolve duas partes, você poderia dizer: "Entendo como X e Y são importantes e, especialmente, porque devem ser completadas no prazo programado. Com base em nossa experiência, há duas coisas que recomendamos para... (objetivo do cliente). Primeiro, gostaríamos de... (benefício) e ao mesmo tempo implementar um... e então faríamos... Para que seu... (associe à necessidade do cliente)".

"A palavra é uma forma de ação capaz de influenciar a mudança."

Ingrid Bergis

Identifique simplesmente os tópicos do que tratará em seguida. Priorize-os para se alinharem às necessidades do cliente. A maioria dos vendedores faz o oposto. Eles vão direto à descrição de sua solução, sem dar uma visão geral do que vão apresentar. Sem prever o que seguirá, eles não dão aos clientes uma noção do que virá ou do quanto isso está completo ou é relevante para eles. Não peça feedback ainda, uma vez que você não terá dado informações suficientes para que o cliente possa responder de forma inteligente.

Em vez de começar a falar sobre seus produtos com as palavras "Oferecemos..." ou "Nosso produto...", é muito mais convincente conduzir com "Temos conversado sobre suas necessidades para X e Y". Comece com as necessidades do cliente e incorpore-as em todas as sentenças. Use generosamente a palavra "você".

Ao estruturar e priorizar o que diz, você deixa claro a seus clientes que os ouviu e que *entende* a mensagem e também *os entende*. Melhor ainda, você pode ajudar seu cliente a *entender*.

Veja a diferença:

Genérico: "Nosso centro de apoio está localizado em uma sede, onde um representante da conta está empenhado em resolver todas as questões de atendimento ao cliente. Cada cliente tem seu representante. Nossos representantes têm acesso a telefone, fax ou e-mail e podem alavancar nossos recursos corporativos a qualquer hora, ininterruptamente. E oferecemos uma pequena equipe técnica." Isto é genérico — nós, nós, nós!

Customizado: "Sei quanto é importante para você resolver *rápida* e *efetivamente todas as suas questões* (do cliente)... e evitar esse tipo de atraso conhecendo alguém que seja responsável e *dedicado* a você vinte e quatro horas por dia, sete dias por semana (necessidade). Há três coisas que podemos fazer para lhe assegurar... A primeira, um representante de conta, totalmente dedicado, com quem trabalho diretamente, é incumbido de atendê-lo e está lá para... a você (benefício) por telefone, fax ou e-mail. Além disso, você também terá uma pequena equipe técnica disponível para... E, finalmente, terá pleno acesso a nossos recursos corporativos que lhe darão... o que você necessitar para seu..."

O último exemplo é customizado — a palavra operacional é **você**, o cliente. Agora você está pronto para dar dados mais específicos.

Uma vez estabelecidos os aspectos principais da solução, você está pronto para ir diretamente aos aspectos específicos da solução.

Ação 2: Customize Sua Solução

Imediatamente após introduzir sua solução, é hora de fundamentar o que você anunciou. Comece com a necessidade prioritária e apresente as características e benefícios específicos ao cliente para dar sustentação às suas afirmações. Características e benefícios genéricos são fatuais e neutros. Customizados – são promocionais e convincentes. Soluções específicas ao cliente mostram que você deu ouvido a ele. Você precisa captar com segurança as necessidades, prioridades e a linguagem dos clientes para customizar seus produtos ou serviços. Pode aumentar sua persuasão se, como parte da apresentação de sua solução ou idéias, você fornecer um exemplo relevante que ajude o cliente a vislumbrar a solução em ação.

Pensando em "Você"

Seus clientes são bombardeados com discursos de vendas. Seu desafio é assegurar que, ao apresentar suas recomendações ou idéias, você trate do que é relevante e importante aos seus clientes. Ser capaz de **customizar o que oferece** é algo que tem de ser feito gradualmente. Uma vez que você esteja preparado, fez perguntas e ouviu, sua tarefa é usar esse conhecimento para adequar o que você diz.

As características e benefícios do que você oferece geralmente são bem claros. Mas a maneira como você fala sobre eles, o que você enfatiza e a linguagem que usa dependem de você — quanto mais específicos para o cliente, mais convincentes.

A fórmula para persuasão é:

CONHECIMENTO DO PRODUTO	CONHECIMENTO DO CLIENTE	VALOR AGREGADO	SOLUÇÃO PERSUASIVA
Características	Objetivo	Conhecimento/Pesquisa	
Benefícios	Necessidades	Experiência	
Alternativas	Critérios de decisão	Recursos/Rede	Decisão de comprar
Valor	Resultados desejados	Relacionamento	
Exemplos	Linguagem	Processo	
Histórias de sucesso	Valor quantificável	Estratégia e habilidades	

Você alavanca sua oferta incorporando as necessidades do cliente em suas soluções. Os clientes querem ouvir sobre si mesmos — o que é importante para eles e como podem atingir seus objetivos. A melhor maneira de alavancar suas capacidades é usar o conhecimento de seu produto e agregar valor no contexto das necessidades do cliente, e usar a linguagem dele.

De todos os Passos na visita de vendas, a Alavancagem é o mais estratégico porque requer a análise de suas capacidades com relação às necessidades do cliente e às necessidades de sua empresa de modo a determinar como formular persuasivamente sua recomendação e fechar a venda.

Juntamente com Explorar, em que você identifica as necessidades, a Alavancagem consiste no ponto fundamental da visita de vendas. *Conectar-se* serve para se preparar para esse diálogo. *Resolver* é estar lá para remover os obstáculos. *Agir* serve para ir em frente.

Quanto ao que dizer sobre suas capacidades, seja conciso. Esta é a teoria de Goldilocks — nem de menos, nem demais, **apenas o necessário**. Pense nela como "o que é preciso saber", *versus* "o que é bom saber". Seu objetivo quando você faz sua apresentação é criar uma carga emocional positiva. Mas isso exige mais do que falar genericamente das características e benefícios do produto. Você deve mostrar como os produtos oferecidos por sua empresa são soluções que os clientes querem ter na deles.

Use a linguagem do cliente.

Ação 3: Resuma e Cheque o Feedback

Resuma

Especialmente se a sua solução tem várias partes, use um resumo para recapitular os pontos altos do que você descreveu. Comece com as expressões: "Em suma" ou "Para resumir, entendemos que... são importantes para você e temos confiança de que nosso... atenderá às suas necessidades". Seu resumo deve ser conciso e direcionado para o cliente, de modo a refletir o diálogo em que você e ele se engajaram. Não é hora de introduzir nada novo. Se a sua solução for simples, você pode não precisar usar um resumo. Pode simplesmente ir em frente até a checagem final.

Cheque o Feedback

O feedback ao cliente está quase sempre pronto. Portanto, peça feedback sobre o que você apresentou — principalmente depois de apresentar sua solução ou recomendação. Espera-se, com base em tudo o que você expôs, que você tenha preparado o cliente para dar um feedback positivo. Mas uma vez apresentada sua solução e antes de pedir um compromisso, você deve ter certeza a respeito do que o cliente acha sobre o que você recomendou ou disse. Depois de ter dado sua recomendação, *não* é hora de perguntar: "O que acha disto?" ou "Tem alguma pergunta?" Não peça para fechar o negócio — ainda! Faça uma pergunta específica, mas aberta, que sonde como o que você acabou de apresentar atende às necessidades do cliente. Por exemplo:

"Como...(solução) atende às necessidades de...?"

...então, cale-se.

Nem sempre é fácil fazer esta pergunta. Ela vem acompanhada de um risco — uma possível resposta negativa de seu cliente. Mas há um risco muito maior em não saber exatamente a opinião do cliente sobre o que você acaba de apresentar.

É importante formular sua pergunta final de checagem de modo bem específico. Se você faz uma pergunta mais geral, como: "O que acha?" ou "O que pensa disto?" (que, em outros momentos durante o diálogo, são perguntas essenciais de checagem), é provável que você receba respostas descompromissadas como: "Vou pensar", ou "Eu lhe dou um retorno", ou "Parece interessante". Dar sua recomendação ou apresentar sua solução é um ponto crucial e exige uma pergunta final de checagem. Pergunte especificamente, "Como você se sente sobre X...? Como isso atinge suas necessidades para...?" Devido à direção da pergunta, é muito mais provável que você propicie uma resposta mais definitiva, de modo que saiba qual é a sua posição e possa se preparar para o fechamento.

Por que fazer essa pergunta final de checagem antes de pedir para fechar o negócio ou ir para o próximo passo? Não é uma questão de ser claramente agressivo. É questão de ser inteligente. O feedback que você obtém o ajudará a avaliar como seu cliente está se sentindo e pensando e lhe dá conhecimento e confiança para fechar ou, se você descobrir um obstáculo, procure resolvê-lo antes de tentar fechar o negócio.

> Você precisa "entender" antes de seus clientes poderem "entender".

Seja sempre convincente

Certamente, é importante ser convincente quando você discute idéias ou apresenta soluções. Mas você também quer ser convincente o máximo possível em todas as fases e aspectos de seus diálogos de negócio, seja com clientes ou colegas, quer você esteja respondendo a perguntas, resolvendo objeções, descrevendo suas capacidades, ou dando informações sobre si mesmo ou sobre sua organização.

Você pode se tornar mais convincente:

marcando sua presença,

    alavancando sua preparação e contatos,

        lembrando-se de admitir e ser compreensivo,

           sondando/especificando antes de

                apresentar sua opinião,

      customizando sua resposta de acordo com as

        necessidades do ouvinte, usando exemplos ou

          histórias de sucesso para concretizar as

            coisas e obtendo feedback.

Admitir a opinião do cliente, sondar, customizar às necessidades do cliente e pedir feedback são procedimentos que seguem um padrão e fazem parte de todos os Passos da visita perfeita de vendas, do Passo 1 ao 5. O objetivo é tornar esse padrão de comunicação a maneira como você faz negócio, seja em uma visita de vendas, uma carta de vendas, e-mail, proposta, ou reuniões internas de equipe.

> Mostre a seus clientes
> que você entende
> a mensagem
> e que os entende.

passo 3: alavancagem

- **Ação 1:** Estruture/Apresente

- **Ação 2:** Customize Sua Solução

- **Ação 3:** Resuma/Peça Feedback

126 Linda Richardson Venda Perfeita

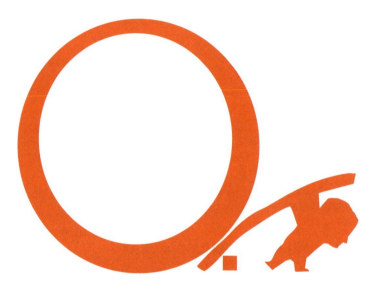

PLANEJADOR PRÉ-VISITA – ALAVANCAGEM

Cliente: *Data:*

Objetivo da visita

■ **Introduza com Estrutura**

- Faça uma introdução sobre as necessidades do cliente

- Forneça uma visão geral de todas as partes-chave da solução/priorize as necessidades do cliente

■ **Customize Sua Solução**

- Posicione a Solução Específica ao Cliente

- Ordem de prioridade

- Customize/Use a linguagem do cliente/como a organização se vê

- Mantenha-se conciso

© 2008 Linda Richardson

(Para acessar as ferramentas e o teste de Venda Perfeita, acesse **http://www.richardson.com/Resource-Center/Perfect-Selling-Tools/** e digite o Nome do usuário: **perfectseller** e a Senha: **Richardson**).

PLANEJADOR PRÉ-VISITA – ALAVANCAGEM (*CONTINUAÇÃO*)

- **Resuma e cheque para ter feedback**
- Resumo customizado

- Pergunta de checagem

© 2008 Linda Richardson

(Para acessar as ferramentas e o teste de Venda Perfeita, acesse **http://www.richardson.com/ Resource-Center/Perfect-Selling-Tools/** e digite o Nome do usuário: **perfectseller** e a Senha: **Richardson**).

RELATÓRIO PÓS-VENDAS – ALAVANCAGEM

Cliente: *Data:*

Objetivo da visita

	Sim	Não	Notas/Passos da Ação
Cumprimente/Introduza	☐	☐	
■ Vinculei minha solução às necessidades do cliente?			
■ Introduzi todos os elementos-chave da solução ligada às necessidades antes de entrar em detalhes?			
■ Comecei com a necessidade de prioridade do cliente?			

Customize Sua Solução	☐	☐	
■ Tratei das necessidades principais?			
■ Integrei as necessidades?			
■ Minha solução foi substancial, mas concisa?			

© 2008 Linda Richardson

(Para acessar as ferramentas e o teste de Venda Perfeita, acesse **http://www.richardson.com/Resource-Center/Perfect-Selling-Tools/** e digite o Nome do usuário: **perfectseller** e a Senha: **Richardson**).

RELATÓRIO PÓS-VENDAS – ALAVANCAGEM

	Sim	Não	Notas/Passos da Ação
Resuma e cheque para ter feedback	☐	☐	
■ Resumi concisamente, customizei as necessidades?			
■ Pedi feedback para entender em que medida a solução tratou das necessidades do cliente?			
■ Fui persuasivo?			

- Você continuará a trabalhar no Passo 3, *Alavancagem*, ou passará para o Passo 4, *Resolver*?
- ☐ Continuar a trabalhar no Passo 3.
- ☐ Passar para o Passo 4.

© 2008 Linda Richardson

(Para acessar as ferramentas e o teste de Venda Perfeita, acesse http://www.richardson.com/Resource-Center/Perfect-Selling-Tools/ e digite o Nome do usuário: **perfectseller** e a Senha: **Richardson**).

4
Resolver

Oportunidade nas objeções

A maioria dos vendedores vê as objeções como obstáculos — desafios para lidar justo no fechamento. As objeções colocam entrave nas vendas. Podem até bloqueá-las. Mas também podem ajudá-lo a vender. Sem dúvida, você conhece as frustrações que as objeções têm em seus resultados de vendas, mas pode não estar tirando plena vantagem dos benefícios. Em vez de serem obstáculos de fato, as objeções podem ser o caminho para o fechamento das vendas, se você conseguir resolvê-las.

As objeções do cliente apresentam a oportunidade perfeita para você dar um grande passo e prosseguir com a venda. Elas o ligam ao que os seus clientes estão pensando realmente. Eles sabem que mesmo os vendedores focados no cliente têm uma meta a atingir e, portanto, é natural tratarem o que os vendedores dizem com certo nível de ceticismo. Mas quando seu cliente faz uma objeção, uma vez que foi o cliente que levantou a questão e sua resposta é espontânea, o que você diz pode ser visto menos como um discurso de vendas e mais como sinal de seu profundo conhecimento.

Quando sua resposta acerta o alvo, ela não só remove o obstáculo, mas também fortalece sua credibilidade. As objeções em visitas de vendas são um fato da vida. Se os clientes não confiam em você, querem exercer poder sobre você ou querem realmente aprender mais sobre você, eles sempre farão objeções. Embora estejamos tratando **Resolver** como o Passo 4 no processo de vendas, a resistência do cliente é o curinga em vendas porque pode acontecer a qualquer momento, desde o cumprimento até o agradecimento e a despedida. Em termos ideais, a maior parte das objeções é levantada no meio do caminho, o que lhe dá bastante tempo para resolvê-las, depois de identificar as necessidades e apresentar sua solução ou idéias e pedir feedback. Ao pedir feedback você pode colocar as objeções ou as questões na mesa e se empenhar para resolvê-las.

As objeções do cliente são o curinga na venda.

Seria excelente se precisássemos apenas de uma resposta técnica "certa" para resolver as objeções. Mas quando os clientes fazem objeção, há uma dinâmica humana acontecendo. Portanto, não é apenas o conteúdo de sua resposta, mas como você se posiciona e oferece essa resposta que convence os clientes. Seu conhecimento técnico é, sem dúvida, uma parte essencial da resolução das objeções. A experiência técnica fornece a substância e a credibilidade de sua resposta. Sua capacidade de comunicar essa experiência, no entanto, fornece a persuasão. Se você dispõe de conhecimento e experiência técnica ou conta com um especialista e com materiais de suporte, o modo como essa mensagem técnica é comunicada determina o quanto ela será convincente.

Pode parecer que o conhecimento técnico que você usa para resolver qualquer objeção particular estaria gravado. Entretanto, uma vez que a maioria das objeções do cliente é vaga, a resposta a qualquer objeção dada não é tão objetiva. Para dar a melhor resposta convincente, geralmente você precisa esclarecer a objeção. A boa notícia é que as ações em *Resolver* o ajudarão a **trabalhar qualquer objeção**, e as ações são sempre as mesmas. Uma vez que você domine essas ações, estará livre para se apoiar nas informações técnicas adequadas para remover a objeção.

O emprego dessas ações o encaminha para a direção certa e reduz a pressão sobre você. Ajuda-o a dar a melhor "resposta". De igual importância, essas ações o ajudam a evitar ser defensivo e/ou a exacerbar a situação com uma resposta que alimente o fogo em vez de extingui-lo. O mais importante, as ações o poupam da tarefa impossível de tentar satisfazer uma objeção vaga.

Em diversos sentidos, responder a uma objeção é uma venda em "miniatura". Em cada resposta você vai de conectar a explorar, a alavancar e checar.

Resolver é o Passo 4 na visita de vendas. Vamos examinar cada uma das 4 Ações:

- **Ação 1:** Admitir

- **Ação 2:** Fazer uma Pergunta para Especificar a Objeção

- **Ação 3:** Posicionar Sua Resposta

- **Ação 4:** Pedir Feedback

Ação 1: Admitir

Se você é como a maioria dos vendedores, está ansioso para remover os obstáculos que ameaçam sua venda. Quando um cliente faz objeção, isso gera adrenalina e seu instinto natural frequentemente é reagir com uma resposta rápida que, mesmo dita com educação, diz ao cliente por que ele está errado. Embora a defensiva possa ser natural, não ajuda. Responder imediatamente com um revide convida uma reação defensiva do cliente que, por sua vez, não arredará o pé. Se, em vez disso, se você admite ou mostra-se compreensivo, pode ajudar a neutralizar a situação e ajudar a baixar a guarda do cliente.

Infelizmente, nem todos os vendedores admitem naturalmente as objeções, quando confrontados com elas. Alguns acham que admitir mostra concordância ou fraqueza. Ao contrário, isso indica ao cliente que você está ouvindo, respeita a maneira de pensar dele e mostra que você está interessado no que ele tem a dizer. Admitir também o ajuda a recobrar o controle. Estimula o verdadeiro diálogo porque o ajuda a se ligar e a preparar o caminho para a sondagem.

Admitir não é concordar.

É uma atitude neutra,

educada e

respeitosa.

Admitir ajuda a manter a relação, dá condições para você fazer perguntas e encoraja seu cliente a fornecer mais informação. Ser compreensivo para admitir objeções que são pessoais, sérias ou sensíveis, não é fácil. É humano. E é algo valorizado pela maioria dos clientes.

Admitir também lhe dá um momento para pensar e começar a organizar seus pensamentos. Parar, com um segundo de silêncio em vez de retrucar rapidamente, antes de começar a responder, também mostra sua consideração.

Sempre que você não vislumbrar uma saída, evite tentar responder, admita e faça a sondagem.

Ação 2: Faça uma Pergunta para Especificar a Objeção

Uma vez que a maioria das objeções é de natureza geral, sua tarefa é detalhar a objeção de modo que ela seja o mais específica possível. Os clientes dizem coisas como: "Você não é flexível", "Você não tem um...", "Você não é competitivo", e a lista vai longe. É importante descobrir mais antes de responder a tais objeções. Caso contrário, você terá de fazer suposições sobre a questão subjacente e manobrar no escuro. Além disso, sua resposta provavelmente não aborde a preocupação do cliente. Sem ter mais informações do cliente, mesmo que o fundamento de sua resposta esteja correto, sua tarefa será convencê-lo e não solucionar o problema com eles. Ao sondar a objeção, você obterá os dados específicos de que precisa para dar uma resposta objetiva e começará a ajudar seus clientes a mudarem de opinião.

Faça uma pergunta aberta para sondar a objeção diretamente. Investigue palavras ambíguas, vagas, emocionais ou palavras ou frases enfatizadas, expressas como objeção. Na maioria das vezes, haverá pelo menos uma, com frequência mais de uma, palavra a investigar. Sua função é identificar essas palavras de modo que você possa esclarecê-las. Por exemplo:

- **Cliente:** "Você não faz X."

- **Você:** "Sei que X é sua preocupação. Posso lhe perguntar por que X é importante para você?" ou "Por que esta é uma preocupação?"

Sondar é essencial para esclarecer objeções e descobrir necessidades por trás delas. Admitir antes de sondar atenua a pergunta de modo que ela não pareça um interrogatório.

A maioria dos vendedores tem dificuldade em fazer a primeira pergunta por que as respostas parecem, com frequência, óbvias demais. De uma ou outra forma, é uma pergunta de "por que" do tipo "Por que X é importante para você?", "Por que você pensa que não somos *flexíveis*?", "O que o faz sentir que não somos *competitivos*?", "Em que sentido nossa proposta foge de seu interesse?". A simplicidade absoluta da pergunta em si pode ser o obstáculo.

O que se deve lembrar sobre uma objeção é que, para todo cliente que expressa exatamente a mesma objeção, há praticamente o mesmo número de razões que levam à objeção. Por exemplo, se clientes diferentes dizem: "Não estamos interessados em X", cada cliente pode ter uma razão diferente. Um pode já ter tentado, outro pode ter ouvido coisas negativas sobre isso, em geral, ou sobre seu produto, especificamente, outro pode questionar o compromisso de sua empresa e planos no longo prazo para o produto, outro pode não dispor de tempo para implementá-lo, outro pode ter acabado de sinalizar um contrato para ele, outro pode não ter orçamento, outro pode preferir Y, outro pode ter um cunhado no negócio, e assim por diante. Sondar e entender as razões específicas da objeção lhe dá a melhor, senão a única, chance de saná-la.

Não há como sanar uma objeção vaga.

Quando você sonda, pode ficar **surpreso** com o quanto aprende — principalmente se preparou o terreno, admitindo a objeção. Os clientes começarão a revelar o que é necessário para vender a eles. Outros podem compartilhar detalhes de uma proposta competitiva, informação sobre precificação e sobre aqueles que influem na decisão — todas pistas que você nunca teria ouvido sem perguntar.

Mesmo que você ache que sabe o que está por trás da objeção e tenha razão, fazer uma pergunta serve a outro propósito importante — reduzir a defensiva do cliente e aumentar a receptividade dele à sua resposta. O problema em pensar que você tem a "resposta" sem sondar é que ela pode não ser a resposta que o cliente tinha em mente.

Qual é a pior coisa que pode acontecer? A recusa absoluta em responder à sua pergunta. Talvez este não seja realmente um cliente potencial. Não é bom saber isso o mais cedo possível? Em qualquer caso, você deve tentar entender as objeções do cliente. Mas se os clientes não derem dados específicos, isso, em si, pode lhe dizer algo sobre o cliente e como ele vê a relação com sua organização e com você.

Sondar ajuda a mudar uma objeção a algo que impediria um diálogo para a negociação. Ao trabalhar com o cliente, você pode sanar a objeção. E mesmo quando você não consegue, pode aprender algo que o ajude a ajustar sua estratégia ou a refinar seu produto.

Se você admite e sonda a maioria das objeções, sua resposta fará mais sentido e será mais convincente. **Regra Prática**: Sempre que você ficar sem saída, admita o que o cliente disse e faça a sondagem.

Ação 3: Posicione Sua Resposta

Uma das melhores coisas sobre objeções é que poucas delas são novas. Provavelmente você ouvirá as mesmas objeções várias vezes. Mesmo que esteja há pouco tempo no ramo, com treinamento e orientação você poderá estar preparado com respostas técnicas sólidas para a maior parte das objeções comuns.

Como mencionado anteriormente, sanar as objeções do cliente requer mais do que conhecimento técnico. Requer diálogo.

Ao admitir

e sondar,

você mostrou que ouviu.

Você ajudou a preparar o cliente para ouvi-lo. A chave agora é usar o que você aprendeu para adequar sua resposta ao interesse específico do cliente. Alavanque seu conhecimento técnico ligando-o ao interesse ou necessidade descoberta. Você pode incorporar a fala exata do cliente sem parecer um papagaio. Quanto mais os clientes ouvirem as preocupações deles em sua resposta, mais sua resposta ressoará entre eles. Para objeções importantes, prepare-se para incluir um exemplo ou história de sucesso relevante que faça suas respostas ganharem vida. Por exemplo, se um cliente lhe diz que não está interessado em seu produto por causa de preocupações ambientais, uma vez que você entender essas preocupações, pode fornecer dados sobre os padrões de segurança que seu produto atende e, então, para ajudar o cliente a se identificar com a solução, acrescente uma história breve de sucesso que demonstre claramente a segurança de seu produto.

Resolva as objeções com seus clientes, e não para eles.

Ação 4: Peça Feedback

Uma vez posicionada sua resposta a uma objeção, faça uma pergunta para determinar como sua resposta sanou aquela preocupação. Ao fazer uma pergunta como: "De que modo nosso... tratará sua preocupação com...?"

você pode obter as informações necessárias que lhes dizem como o cliente se sente em relação ao que você disse, qual é sua posição e o que fazer em seguida.

Em vez de pedir feedback, muitos vendedores respondem a uma objeção e passam para o ponto seguinte ou simplesmente permanecem calados, deixando a cargo do cliente o que acontecerá em seguida. Ao não pedir diretamente feedback, principalmente se o cliente não o oferece, você não terá como saber se removeu o obstáculo ou se ele ainda existe.

Se o seu cliente responder com uma resposta vaga, **continue sondando**. Admita a resposta e faça uma pergunta para obter os detalhes necessários. Quando se trata de objeções, "Não ter notícia é uma má notícia", e "Quanto menos é dito, menos se emenda", para reescrever o velho clichê.

O hábito de pedir feedback depois de apresentar sua resposta lhe permitirá fazer ajustes quando você precisar ou ir em frente, sabendo que está pisando em terra firme. Um gerente de vendas inteligente disse para a equipe de vendas: "Tudo bem, entendi. Temos terminado tudo o que dizemos ao nosso cliente com um ponto final. Agora precisamos terminar tudo o que dizemos com um ponto de interrogação".

Objeções não-verbalizadas

Quando um cliente não levanta uma objeção que você espera, devido à sua experiência, embora você não queira introduzir uma negativa, pode fazer uma pergunta neutra para sondar a questão. Por exemplo, se você espera resistência de gerentes locais a um plano para centralizar as operações, pergunte: "Bob, como você acha que os chefes de distrito reagirão a esse plano?"

Lobo em Pele de Cordeiro

A maioria das perguntas de clientes não são objeções. Muitas perguntas são apenas dúvidas, sem objetivos ocultos. Mas mesmo as perguntas "neutras" de clientes podem levar a obstáculos. Uma vendedora enfrentou uma pergunta inesperada no final de um longo ciclo de vendas, quando um executivo sênior perguntou como a solução da vendedora se integraria com o novo e caro sistema de gerenciamento do cliente. Sem esclarecer a pergunta, a vendedora deu a melhor resposta e procurou ver se sua resposta satisfez ao cliente. A questão se transformou em uma objeção. O cliente dela disse: "É decepcionante ouvir isto. Acho que você poderia fazer mais do que isso. Nós poderíamos fazer isso".

A vendedora calou-se por um instante, mas a disciplina dos Passos entrou em ação. Ela admitiu e perguntou ao cliente o que ele tinha em mente em relação à integração. Ela ouviu e sondou novamente. Rápida, ela tratou da preocupação dele acrescentando uma idéia adicional e detalhes à resposta que dera inicialmente. Quando ela pediu feedback novamente, para determinar em que medida isso resolveu a preocupação do cliente, o executivo disse: "Agora me sinto muito melhor. É exatamente o que eu estou procurando." Em uma semana, um contrato de $2,5 milhões era dela.

Uma resposta a uma objeção é uma micro visita de vendas.

Embora as perguntas, em sua maior parte, não sejam objeções, às vezes, os clientes fazem objeções na forma de pergunta. Use sua experiência e intuição para ajudá-lo a reconhecer quando isso acontece. Se a pergunta vem de um executivo que não está apoiando sua solução, ou se a pergunta bate em sua principal desvantagem, conduza-a com cuidado e trate-a como uma objeção. Por exemplo, se um cliente que ficou calado durante uma reunião faz sua primeira pergunta, uma pergunta que o preocupa porque você percebe que se trata de uma desvantagem para sua empresa, como "Vocês têm escritório aqui?", responda dizendo: "Boa pergunta. No momento, não temos. Temos... e um... (descreva qualquer vantagem relacionada ou plano futuro). Posso lhe perguntar por que está perguntando sobre um escritório local?"

Então ouça,

posicione sua melhor resposta

e **peça feedback** sobre como você

esclareceu a questão.

Admita qualquer pergunta que seja ampla e sonde-a para obter os esclarecimentos de que precisa para responder de forma específica e persuasiva. Use uma história de sucesso se a pergunta for fundamental. Por exemplo, no final de uma apresentação importante, a executiva que fez inúmeras perguntas difíceis e que demonstrou indiferença durante toda a reunião, pediu ao vendedor para resumir o que seria necessário para o projeto ter sucesso. O vendedor não só respondeu à pergunta, mas também acrescentou uma história de sucesso para ilustrar como esta funcionou para um cliente de categoria mundial. Quando ele pediu feedback, a cliente declarou estar impressionada e perguntou ao vendedor se ele podia marcar uma visita àquele cliente.

Esteja sempre pronto para perguntas delicadas. Uma vendedora, consultora de marketing, perdeu a chance de fazer novos negócios por causa da resposta que deu ao presidente da empresa. Este, no início da reunião, lhe deu uma pequena caixa de acrílico que continha a declaração da visão da empresa. Ele perguntou o que ela achava. Em um minuto ela lhe fez uma avaliação franca e seca. Embora seja importante ser honesto, é tolo demais ser ríspido, principalmente quando você realmente não tem informação suficiente a respeito. Se ela tivesse dito algo como: "Para que eu possa lhe dar uma avaliação melhor, posso lhe fazer algumas perguntas? A visão tem significados e propósitos diferentes. Você pode me dizer qual é o propósito e uso disto?" ela provavelmente teria recebido alguns esclarecimentos que a informariam que este foi um trabalho feito pelo presidente e é o orgulho e a alegria dele.

Frequentemente, as objeções e as perguntas são vagas. Elas podem também parecer desafiadoras e causar uma atitude defensiva. Quando você recebe uma objeção ou uma pergunta vaga, procure entender a ela e à pessoa que a fez, antes de dar uma resposta.

Enfrente objeções admitindo-as e fazendo perguntas em primeiro lugar.

passo quatro: resolver

- **Ação 1:** Admita a Objeção

- **Ação 2:** Especificamente Qual é a Objeção

- **Ação 3:** Posicione Sua Resposta

- **Ação 4:** Peça Feedback

PLANEJADOR PRÉ-VISITA – RESOLVER

Cliente: *Data:*

Objetivo da visita

Objeções Antecipadas	Admitir	Esclarecer a Dúvida	Customizar a Resposta	Pergunta para pedir feedback

© 2008 Linda Richardson

(Para acessar as ferramentas e o teste de Venda Perfeita, acesse **http://www.richardson.com/Resource-Center/Perfect-Selling-Tools/** e digite o Nome do usuário: **perfectseller** e a Senha: **Richardson**).

AVALIAÇÃO PÓS-VISITA – RESOLVER	
Cliente:	Data:
Objetivo da visita	

	Sim	Não	Notas/Passos da Ação
Admitir/Mostrar-se compreensivo	☐	☐	
■ Admiti a objeção?			
■ Mostrei-me compreensivo se as objeções eram mais pessoais, sérias ou emocionais?			

Perguntas para Identificar Especificamente qual Era a Objeção	☐	☐	
■ Sondei para detalhar a objeção?			
■ Procurei especificá-la?			

Resposta Customizada/ Recomendação	☐	☐	
■ Dei uma resposta adequada?			

© 2008 Linda Richardson

(Para acessar as ferramentas e o teste de Venda Perfeita, acesse **http://www.richardson.com/Resource-Center/Perfect-Selling-Tools/** e digite o Nome do usuário: **perfectseller** e a Senha: **Richardson**).

AVALIAÇÃO PÓS-VISITA – RESOLVER

	Sim	Não	Notas/Passos da Ação
Resposta Customizada/ Recomendação	☐	☐	
■ Incorporei a linguagem do cliente em minha resposta?			
■ Usei uma história de sucesso para ajudar a convencer o cliente (opcional)?			

	Sim	Não	Notas/Passos da Ação
Cheque o Feedback	☐	☐	
■ Pedi feedback ao cliente para aprender como minha resposta tratava da objeção dele?			
■ Resolvi a objeção?			
■ Descobri qualquer outra objeção?			

■ Você continuará a trabalhar no Passo 4, *Resolver,* ou passará para o Passo 5, *Agir*?
☐ Continue a trabalhar no Passo 4
☐ Passe para o Passo 5

5
Agir

Fechar a venda

Há pessoas que sabem como fazer as coisas. Elas são orientadas para a ação.

Não é preciso dizer que o **Fechamento** é o momento da venda em que um vendedor pede o negócio. Fechar é um passo crítico na visita e no ciclo de vendas, quando é grande a pressão, tanto para o vendedor quanto para o cliente. Para a maioria dos vendedores e dos clientes, o fechamento pode parecer, também, o momento decisivo — sim ou não, ir ou não ir.

Com tantos aspectos em jogo, muitos vendedores relutam em fazer o fechamento. Eles não querem ouvir um não. Não querem arriscar encerrar o diálogo. Não querem ser agressivos ou insistentes demais. Mas, há risco de perderem muito mais se não fecharem com um próximo passo específico, sólido.

É intrigante ver alguns vendedores que terminam a visita de vendas sem uma ação significativa. A maior parte das vezes, os vendedores batalham muito para serem atendidos pelo cliente. O vendedor se empenha bastante durante a visita, para se conectar e ser convincente. No entanto, na hora de finalizar a visita, todo aquele esforço é dissipado porque ele não pede o negócio nem chega a um acordo quanto a um próximo passo específico.

Há três tipos de fechamento:

- **O Fechamento da Linha Pontilhada**
  Em que o vendedor pede o negócio, como: "Bem, Tom, ficaríamos honrados em ser seu parceiro. Podemos começar imediatamente. Podemos contar com seu apoio para seguir em frente?" (ou "Temos sua aprovação?").

- **O Fechamento no Momento Oportuno**
  Em que o vendedor sugere o próximo passo no ciclo de vendas, como: "Como está seu calendário para uma sessão de planejamento na sexta?"

- **O Fechamento "Seguro"**
  Em que o vendedor não pede nada que leve o processo em frente (e dessa forma evita a chance de rejeição, mas perde o momento oportuno de fazer a venda).

A maneira mais rápida de perder negócio é não pedir por ele.

Fechamentos seguros parecem: "Preciso pensar nisto e lhe dou um retorno", "Preciso contatar meu assistente para preparar...", "Preciso conversar com nossos especialistas e depois lhe dou um retorno", "Preciso redigir um... e enviar... para você", "Preciso... para você" ou "Preciso fazer um follow-up com uma descrição/proposta...", e assim por diante.

Um fechamento seguro pode fazer mais do que atrasar o fechamento. Pode custar a oportunidade. Com frequência, sobrecarrega os vendedores de trabalho e gera muito esforço sem resultados ou a perda de tempo da equipe toda. Cada uma dessas ações do fechamento seguro faz muito pouco além de consumir tempo. Todo o trabalho recai sobre o vendedor. Falta o compromisso do cliente.

Embora esses três fechamentos possam ser adequados sob certas circunstâncias, deveriam ser a exceção. O objetivo para o fim de cada visita é estabelecer uma **próxima ação** muito mais específica para o vendedor e o cliente, como um encontro e uma data para passarem para a próxima fase ou ponto importante no ciclo de vendas.

Um fechamento seguro é, na verdade, muito perigoso. Quando se perde o *momentum*, reconectar-se depois da tentativa de um fechamento seguro pode não ser nada fácil. De fato, o fechamento mais seguro busca diretamente um passo específico para a próxima ação com prazo, seja marcar a próxima reunião ou pedir o compromisso de comprar ao cliente.

Evidentemente, o medo da rejeição é um fator que explica por que os vendedores podem relutar em fechar, mas, com mais frequência, é porque eles não definiram realmente o passo que querem dar e falta-lhes o conhecimento de um processo de vendas para ajudá-los a chegar lá.

Passos no fechamento

Há 3 ações que você pode tomar que podem ajudá-lo a se transformar em um vendedor capaz de fechar vendas mais rapidamente. Essas ações removerão preocupações sobre rejeição, o ajudarão a saber que ação você deve tomar e o ajudarão no fechamento de mais negócios. Elas o ajudarão a manter o *momentum* e a prosseguir no processo de vendas. O interessante é que somente uma dessas três ações realmente acontece em "Agir".

Pensar no fechamento como algo que acontece somente nos momentos finais da visita é simplista demais. Embora o fechamento seja no final, ele começa *antes* da visita, quando você estabelece seu objetivo. Está inter-relacionado com toda a visita, na medida em que você faz perguntas de checagem para obter feedback a mais. Quando você pede o negócio ou o próximo passo, será menos provavelmente uma pergunta lançada e mais uma conclusão conjunta em que seu cliente e você chegam à ação juntos.

Use estas 3 ações para criar um fechamento forte:

- **Ação 1:** Saiba o que Você Quer que o Cliente Faça Antes de Começar a Visita

- **Ação 2:** Peça Feedback durante Toda a Visita

- **Ação 3:** Peça o Negócio ou Encaminhe-se para o Próximo Passo

Ação 1: Saiba o que Você Quer que o Cliente Faça Antes de Começar a Visita

Longe de ser "tudo ou nada" no fim da visita, o fechamento é um processo gradual que começa antes da reunião com o cliente. Antes de cada visita, defina o que você quer realizar, estabelecendo um objetivo concreto e mensurável de visita, você descreve claramente os resultados que quer atingir no final da visita. Quando você sai da visita de vendas, deveria ser capaz de responder à pergunta: "Fiz x ou não?" e sua resposta deve ser muito clara.

Objetivos como: "Entender melhor as necessidades do cliente" ou "Aprender mais sobre as prioridades do cliente" são recomendáveis, mas não são concretos nem mensuráveis. Entretanto, ações específicas, como "Obter uma cópia do portfólio do cliente e marcar uma nova reunião dentro de 10 dias", "Obter com o cliente uma lista dos critérios que ele usará para tomar uma decisão e concordar em aceitar uma proposta até...", ou "Obter a concordância imediata de ir em frente..." podem ser medidos claramente — sim, você fez isso — ou não, você não fez. Não só isso o ajudará a fechar mais vendas, mas lhe permitirá checar sua posição real junto a esse cliente.

O objetivo que você estabelece para cada visita deveria ser agressivo, embora adequado para indicar sua posição no ciclo de vendas. Por exemplo, seria razoável esperar ganhar o compromisso para uma compra complexa na primeira visita com um cliente potencial. Mas você pode acelerar e receber o cartão verde do cliente se, antes de cada visita, você definir claramente o próximo passo de ação que o levará em frente. Faça seu plano de sair da visita tendo definido o próximo passo, seja este marcar um encontro para uma demonstração, trazer um especialista ou dar o aperto de mão ou obter a assinatura que formaliza o negócio.

> Saiba o que
> você quer
> e peça.

Ação 2: Peça Feedback durante Toda a Visita

Ninguém gosta de rejeição. Se, no entanto, você puder prever razoavelmente como o cliente reagirá ao seu pedido pelo negócio ou pelo próximo passo, você pode ter mais confiança e reduzir sua chance de rejeição. Fazer perguntas de checagem para obter feedback durante a visita é uma forma de fazer isso. O feedback do cliente lhe dirá como ele se sente e o que pensa a respeito do que você apresentou. Pedir feedback tecnicamente não faz parte do Passo 5, visto que essa ação acontece durante a visita — os Passos 1, 2, 3, 4 e 5. Você estará, literalmente, acenando seu caminho para partilhar o fechamento em *Conectar-se*, quando verificar de que modo sua agenda atende às expectativas do cliente. Pedir feedback durante toda a visita serve como uma linha "para costurar o acordo" e lhe dá o conhecimento e a confiança para pedir ação no final da visita.

Alguns profissionais de vendas são extremamente atentos, seja esta uma qualidade natural ou aprimorada, e registram a menor reação ou mudança do cliente. Mas a maioria precisa de algo mais concreto para os alertar sobre como o cliente se sente — e checar consiste exatamente nisso.

Ao fazer perguntas como

"Qual sua opinião?"

"O que acha disso?"

ou

"Como isso funcionaria?",

toda vez que você posiciona suas capacidades ou responde a uma objeção ou pergunta, você fica sabendo o que seu cliente pensa sobre o que você disse para ajudá-lo a se aproximar do fechamento. Por exemplo, se você descreve algo sobre seu produto, e então pergunta: "Como isso funcionaria em vários locais?" você obterá um feedback que lhe permitirá saber onde você se situa com relação ao fechamento. Se você esperar até o final da visita para descobrir isso, provavelmente não terá tempo para fazer os ajustes necessários.

Checar serve para o desenvolvimento do processo até o resultado final ou o momento do fechamento. Antes de tentar fechar o negócio ou mudar para o próximo passo, faça sua última pergunta para determinar a posição do cliente em relação à recomendação que você deu ou às idéias que apresentou.

Quando seu cliente reage positivamente às suas perguntas de avaliação e, em particular, à sua pergunta final de verificação em que você indaga de que modo sua solução atende às necessidades do cliente, você recebe os dados e o encorajamento de que precisa para sugerir com confiança que passem para o próximo passo ou para tentar fechar o negócio. Se o feedback for esparso ou negativo, você poderá sondar mais, reposicionar-se, fazer um segundo esforço e, se necessário, ajustar sua solução ou objetivo. Ao pedir feedback durante toda a visita, você estará preparando a si e ao seu cliente para irem em frente. Você reduz qualquer preocupação associada ao fechamento porque pode prever com certeza a resposta do cliente — **seu cliente foi preparado para isso**.

Ação 3: Peça o Negócio ou Encaminhe-se para o Próximo Passo

No final da visita, a escolha é sua. Você pode manter o *momentum* ou perdê-lo. Pode ir em frente ou ficar parado (enquanto os concorrentes tomam a dianteira). Quando você pede o negócio, confiante, ou marca o próximo passo, de modo que este esteja definido, tem condições de ir em frente antes de passar pela porta de saída ou desligar o telefone. Independentemente do que você faça, não suponha que seu cliente não esteja preparado para dar o próximo passo ou tomar uma decisão.

Inicie um *fechamento no final,* dizendo:

- "Podemos começar amanhã. Eu só preciso de seu 'cartão verde'."

- "Nossa equipe está pronta. Queremos muito apoiá-lo no... Podemos levar isso adiante?"

- "Você pode começar a... Tenho seu 'cartão verde?'"

Ou, para um *fechamento no momento oportuno*:

- "Visto que você quer… podemos… próxima semana, para garantir que isso esteja plenamente adequado para você. Discutimos o papel de seus chefes regionais. O que você acha de eu fazer uma reunião com eles para discutir… (benefício) na próxima semana ou obter sugestões deles? Posso lhe dar um retorno de nossas conclusões no início da próxima semana. O que acha?… Tenho os três nomes dos chefes regionais que você mencionou. Há outros com quem eu deveria entrar em contato?… Você os avisaria que eu ligarei para eles? Obrigado. O que eu deveria saber sobre eles para estar preparado?… Posso anotar nossa reunião de follow-up no calendário, na semana de…?"

Pratique esses tipos de perguntas.

Ao obter o acordo, seja específico — detalhe os próximos passos de quem, quando, onde começar.

Se, quando você sugere sua próxima ação, seu cliente não concordar, apesar de ter-lhe dado feedback positivo durante toda a visita, você está em condições seguras de entender os sentimentos do cliente e de sondar a razão de forma não defensiva, para resolvê-la ou fazer uma segunda tentativa ou ajustar seu objetivo.

Em situações em que você não tem certeza do próximo passo, no mínimo pergunte ao cliente: "Qual é o próximo passo que você acha que devemos dar?". Mas não dê espaço para "Preciso pensar e lhe darei um retorno." Se o cliente sugere lhe dar um retorno, diga: "Excelente. Posso ligar para você (dia) para...?" e peça um próximo passo razoável que esteja em seu controle, e não do cliente. Ao passar pela porta de saída, você precisa estar no comando da situação!

Independentemente da etapa do ciclo de vendas em que você se encontre, no final de cada contato plante a semente para o fechamento e para ganhar o negócio, dizendo ao cliente o quanto você gostaria de trabalhar com ele. Por exemplo: "Paul, seu... parece... (cumprimente o cliente) e esta é uma área onde nós... (reforce sua experiência e conhecimentos)... Seria realmente um privilégio trabalhar com você. Espero que possamos fazer uma parceria (trabalhar) com você nisto."

Obs.: Última Impressão

Logo antes de sair, personalize, por um momento, a despedida como uma forma de deixar a melhor impressão possível. Agradeça e faça referência a algo pessoal que você pode ter sabido ao se preparar ou durante o diálogo, como: "Boa sorte no torneio", "Aproveite o concerto."

Todos adoram um vendedor que sabe fechar negócios.

Passo cinco: agir

- **Ação 1:** Saiba o que Você Quer que o Cliente Faça antes de Começar a Visita

- **Ação 2:** Peça Feedback durante a Visita

- **Ação 3:** Peça o Negócio ou Passe para o Próximo Passo

PLANEJADOR PRÉ-VISITA – AGIR

Cliente: *Data:*

Objetivo da visita

☐ Fechamento no final ☐ Fechamento no Momento Oportuno

Saiba o que Você Quer que o Cliente Faça
(Estabeleça um Objetivo Mensurável)

Questões de checagem
(Em que pontos importantes do diálogo você pedirá feedback?)

Peça o Negócio ou o Próximo Passo

Deixe uma Última Impressão Positiva:

© 2008 Linda Richardson

(Para acessar as ferramentas e o teste de Venda Perfeita, acesse **http://www.richardson.com/Resource-Center/Perfect-Selling-Tools/** e digite o Nome do usuário: **perfectseller** e a Senha: **Richardson**).

RELATÓRIO PÓS-VISITA – AGIR

Cliente: _____ *Data:* _____

Objetivo da visita _____

	Sim	Não	Notas/Passos da Ação
Estabelecer um Objetivo Mensurável	☐	☐	
■ Eu estabeleci um objetivo mensurável com um prazo definido?			

	Sim	Não	Notas/Passos da Ação
Perguntas de checagem (Peça feedback durante a Visita)	☐	☐	
■ Eu pedi feedback durante a visita para guiar a resposta do cliente?			

	Sim	Não	Notas/Passos da Ação
Pedir o Negócio ou o Próximo Passo (Plante sempre a Semente)	☐	☐	
■ Eu pedi o negócio ou o próximo passo específico?			
■ Eu atingi meu objetivo?			

© 2008 Linda Richardson

(Para acessar as ferramentas e o teste de Venda Perfeita, acesse **http://www.richardson.com/Resource-Center/Perfect-Selling-Tools/** e digite o Nome do usuário: **perfectseller** e a Senha: **Richardson**).

RELATÓRIO PÓS-VISITA – AGIR (*CONTINUAÇÃO*)

	Sim	Não	Notas/Passos da Ação
Última Impressão Positiva	☐	☐	
■ Eu deixei uma última impressão positiva?			

■ Continuar a trabalhar no Passo 5, Agir?
☐ Continuar a trabalhar no Passo 5

Cinco passos para uma preparação extraordinária, mas rápida

Embora a visita de vendas em si seja uma mina de ouro para identificar necessidades, o que você sabe sobre seus clientes e os potenciais antes de ir para a visita é essencial para aproveitar ao máximo os 5 Passos. Além de estabelecer seu objetivo de visita e fazer a "lição de casa" tradicional, você agora pode usar a web para ter uma visão clara de como seu cliente potencial ou antigo se vê como uma organização e acessar sua rede de contatos.

Hoje, a internet tornou rápida e fácil a pesquisa individual e organizacional de seu cliente, seja ele real ou virtual, além de tornar a rede de contatos (networking) mais acessível do que nunca.

No mínimo, acesse o web site de seus clientes.

Aprenda sobre a organização e seus executivos.

Que desafios eles estão enfrentando?

Preste atenção na linguagem que eles usam para se descreverem.

Eles se vêem como inovadores?

Estão orgulhosos de sua história, da orientação de sua equipe, de seu fundador?

Quais são as frases-chave que eles usam para se descreverem?

Crie uma lista das frases ou **palavras principais**. Pergunte-se o que significa essa informação e como você pode usá-la para complementar o que você aprende no diálogo com seu cliente e em outras pesquisas para que sua apresentação seja o mais convincente possível. Revise suas anotações sobre o sistema de gerenciamento de informações do cliente. Acesse os recursos de sua equipe. E verifique os websites de seus concorrentes, bem como associações do setor.

Comece com a preparação do cliente para encurtar seu tempo de preparação e seja mais estratégico em sua preparação técnica. Use os 5 Passos para ajudá-lo a se preparar para cada visita.

Para ajudá-lo a se preparar rapidamente, passe pelos 5 Passos e Ações:

passo 1: conectar-se

- Como você construirá sua relação? Será Pessoal ou Profissional?

- O que o levou a essa visita? O que aconteceu até agora?

- Como você obtém crédito pelos deveres que cumpre?

- Como apresentará sua organização e a si mesmo, se necessário?

passo 2: explorar

- Que perguntas você fará?
- Você incluiu questões estratégicas e também técnicas?
- Que questões os clientes provavelmente farão?

passo 3: alavancar

- O que você apresentará?
- Como você pode customizar isso às necessidades do cliente?
- Que alternativas você está preparando?
- De que materiais você precisa para apoiá-lo?
- Que história de sucesso ou exemplo você está preparado para dar?

passo 4: resolver

- Que objeções você prevê?
- Como você as resolverá?

passo 5: agir

- Você atingiu seu objetivo mensurável para esta visita?
- Como você terminará a visita?
- Que passo específico/prazo você buscará?

A tentação de apressar a visita de vendas pode ser grande, principalmente se você for experiente ou se enfrentar demandas do cliente, tarefas administrativas e todas as outras pressões do emprego. Mesmo assim, para maximizar todo contato com o cliente, a preparação é obrigatória. Ela não só leva a visitas mais bem-sucedidas, mas muda a maneira como você se apresenta. Você sabe quando está preparado e isso o ajuda a projetar confiança.

Embora *nem sempre* os clientes possam saber quando você não está preparado, não há dúvida de que eles sabem quando você está.

A preparação gera pontos ganhos, respeito, e mais negócios.

Avaliação pós-visita em pequenas doses

Mesmo que você tenha o suporte de uma equipe, é provável que esteja fazendo a maior parte das visitas de vendas sozinho. Quando você não tiver que dividir a perspectiva sobre as necessidades do cliente e seu desempenho de vendas, é extremamente importante fazer uma auto-avaliação após a visita. Você pode usar os 5 Passos para treinar todos os dias, a fim de colher o poder do crescimento. Ao refletir durante alguns minutos sobre suas visitas, você aumentará a autoconsciência e fará um aprimoramento contínuo.

Você pode achar que não tem tempo para uma avaliação depois das visitas de vendas. É verdade que muitas visitas de vendas são feitas em seguida, sem intervalo, há as dificuldades da viagem, e os celulares e laptops exigem atenção entre as visitas. Com muita frequência, o verdadeiro erro por não avaliar as visitas é exatamente não pensar em fazer isso — ou nem mesmo saber fazer isso. Se você é como a maioria dos vendedores, não teve exemplo a ser seguido que considerassem a avaliação das visitas um hábito em vendas. Mesmo gerentes de vendas bem-intencionados, comprometidos, podem fazer comentários do tipo: "Boa visita", como uma avaliação da visita, em vez de falarem sobre o que tornou a visita boa e o que poderá ser melhorado da próxima vez.

Evidentemente, você pensa no que precisa para fazer o follow-up de uma visita e, por mais fundamental que seja, o follow-up não o tornará necessariamente melhor. Não são muitos os vendedores que realmente param e refletem sobre como eles conduziram a visita em vez de pensarem exclusivamente no que foi conseguido e o que precisa ser feito em seguida.

A oportunidade para o aprimoramento contínuo está lá para se aproveitar e requer apenas alguns minutos. É praticamente garantido que isto torne sua próxima visita mais bem-sucedida. O requisito é um compromisso em reservar *alguns minutos imediatamente depois* de cada visita para olhar honestamente a visita não só de uma perspectiva de resultados, mas da perspectiva de liderança da visita. Avaliar não tem de ser algo laborioso ou acadêmico. Os vendedores que são bons nisso podem, certamente, avaliar uma visita em poucos minutos.

Como Avaliar uma Visita

O propósito de avaliar uma visita é o aprimoramento por meio da avaliação e da correção. Para fazer isso, pense nos 5 Passos:

- **Conectar:** Presença, relação pessoal/profissional, preparação da alavancagem, transição para necessidades.
- **Explorar:** Sondar necessidades, especificar.
- **Alavancar:** Estruturar, customizar, customizar, customizar, checar.
- **Resolver:** Esclarecer e sanar objeções específicas. Checar para ter feedback.
- **Agir:** Objetivo atingido, próximo passo claro, específico, estabelecido.

À medida que você pensa nos 5 Passos, primeiro, identifique o que deu certo. Então, concentre-se no que poderia ser aprimorado. Inicialmente, você pode usar a ferramenta de avaliação para cada Passo (se você está se concentrando em um Passo) ou a ferramenta de Avaliação da Visita de Vendas na página 182, ou apenas passe mentalmente pelos 5 Passos.

Ao avaliar a visita, certifique-se de não ignorar seus pontos fortes. Você pode aprender muito com eles e merece um cumprimento por isso. Mas também não ignore quando você deu uma mancada. Identifique:

UM **ponto forte fundamental**

e

UMA **área que precisa ser aprimorada.**

Por exemplo, uma vendedora percebeu que sua eficácia em questionar estava diminuindo. O cliente fez duas perguntas, que ela respondeu, mas depois da visita, ao fazer uma avaliação, ela percebeu que nunca recebeu feedback nem esclareceu por que o cliente estava preocupado com aquelas questões. Então, para a próxima visita, questionar e ouvir eram prioridades para ela.

Uma vez que você identificou uma área para trabalhar, compare-a com as tendências nas visitas anteriores para obter uma visão mais clara. Estabeleça um plano para ação corretiva, seja para aumentar o conhecimento do produto, focar na formulação de perguntas em sua próxima visita, ou terminar a próxima visita com um passo de ação específico definido.

Avaliar a visita também o ajudará a identificar passos de ação adicionais além daqueles com os quais você está comprometido. Por exemplo, se você não terminou em um passo de ação específico, poderia enviar um e-mail de follow-up ou dar um telefonema para recobrar o *momentum*, sugerindo uma data de follow-up.

Avaliar também pode ajudá-lo a introduzir em seu sistema de gerenciamento de relações com o cliente mais do que números e dados técnicos. Inclua esclarecimentos, a linguagem do cliente, preocupações, dados pessoais como datas de aniversário — todas as informações que você pode usar para o follow-up, para se preparar para o próximo contato, e se diferencie.

Avaliação da visita de equipe

Quando você está em uma visita de equipe com um colega, avaliar pode ser igualmente efetivo e rápido. Concorde antes da visita de vendas em avaliar a visita durante alguns minutos (entre 2 e 8 minutos, no máximo). Comprometa-se a ouvir o feedback um do outro sem oferecer desculpas ou se tornar defensivo. Para facilitar a avaliação de uma visita de equipe, comece com uma avaliação de seu próprio desempenho. Identifique uma área forte e uma área de aprimoramento (duas no máximo). Seja específico. Use exemplos.

- Então peça a seu colega para lhe dar feedback — e também uma força-chave e uma área para aprimoramento.

- Seu colega deve, então, repetir o processo.
- Discuta seu trabalho de equipe e como vocês deram apoio um ao outro.
- Cada um de vocês deve decidir sobre algo para trabalhar nas futuras visitas e algo para aprimorar o trabalho de equipe.

Naturalmente, avalie o quanto você atingiu o objetivo da visita e concentre-se em seu follow-up. Mas também reserve alguns momentos para considerar se vocês fizeram um bom trabalho como equipe. Tornem-se treinadores uns dos outros.

AVALIAÇÃO DA VISITA DE VENDAS		
Cliente:		*Data:*
Objetivo da visita		

	Sim	Não	Notas/Passos da Ação
CONECTAR	☐	☐	
Relação Pessoal/Profissional			
Resumo de Acontecimentos			
Alavancar Preparação			
Propósito Duplo			
Transição para Necessidades			

	Sim	Não	
EXPLORAR	☐	☐	
Objetivos do Cliente			
Situação Atual			
Necessidades Técnicas			
Necessidades Futuras			
Propulsores Pessoais			

© 2008 Linda Richardson

(Para acessar as ferramentas e o teste de Venda Perfeita, acesse **http://www.richardson.com/Resource-Center/Perfect-Selling-Tools/** e digite o Nome do usuário: **perfectseller** e a Senha: **Richardson**).

AVALIAÇÃO DA VISITA DE VENDAS (*CONTINUAÇÃO*)

	Sim	Não	Notas/Passos da Ação
ALAVANCAR	☐	☐	
Introduzir Solução			
Customizar Solução			
Resumir			

RESOLVER	☐	☐	
Admitir/Ser Compreensivo			
Esclarecer			
Customizar Resposta/Recomendação			
Checar Feedback			

AGIR	☐	☐	
Estabelecer um Objetivo Mensurável antes da Visita			
Fazer Perguntas para Checagem durante a Visita			
Pedir o Negócio ou o Próximo Passo			
Deixar a Última Impressão Positiva			

© 2008 Linda Richardson

(Para acessar as ferramentas e o teste de Venda Perfeita, acesse **http://www.richardson.com/Resource-Center/Perfect-Selling-Tools/** e digite o Nome do usuário: **perfectseller** e a Senha: **Richardson**).

Seu plano

Um passo por vez

Comece trabalhando nos 5 Passos em sequência, de segunda a sexta (ou um durante uma semana ou o que funcionar para você). Seu objetivo é automatizar cada Passo.

Leia cada Passo e estude as Ações. Use o Planejador para preparar as visitas e depois concentre-se naquele Passo para o dia (ou semana), ao fazer suas visitas de vendas. No fim do dia, use a Avaliação Pós-visita para aquele Passo, para avaliar seus resultados e fazer um autotreinamento. Uma vez dominado esse Passo, passe para o seguinte.

Use o máximo de recursos que puder para aprimorar seu desempenho em vendas. Assim como um excelente atleta precisa de mais de um treinamento — você também pode ter vários treinamentos:

- Peça treinamento e feedback a seu gerente.
- Peça feedback a seus colegas. Faça um pacto com eles para se treinarem mutuamente.
- Faça o autotreinamento diário, avaliando suas visitas, não só pelo resultado da visita e pelo follow-up, mas examinando como você conduz a visita usando os 5 Passos.

Use todos os recursos disponíveis como:

- Richardson Cyber Sales and Manager Tips™, que são dicas complementares dadas mensalmente na web para vendedores sobre assuntos como vendas, negociação, prospecção etc., disponíveis em www.richardson.com e Ask Richardson — um serviço permanente para responder a dúvidas de vendas e gerenciamento de vendas.

- Livros de vendas: **www.mbooks.com.br**

- Revistas de vendas.

- Seminários, seminários virtuais (internet), podcasts, blogs.

- As ferramentas de *Venda Perfeita,* que podem ser acessadas em: hyttp://www.richardson.com/Resource-Center/Perfect-Selling-Tools/ digite o Nome do Usuário: **perfectseller** e a Senha: **Richardson**.

- Pesquisas na internet sobre clientes, setores, concorrentes.

Você está no ramo de vendas porque pertence a vendas.

É o caminho que você encontrou (ou que encontrou você) e o caminho onde você está. E uma vez que a visita de vendas é a via que você percorre, quanto mais souber a respeito, mais controle você terá sobre como proceder em cada visita, e mais sucesso você terá. Dominar os 5 Passos irá aprimorar seus diálogos, tornando-os mais interativos, organizados e mais recompensadores para seus clientes e você. Isso o ajudará a colocar seus clientes em primeiro lugar. Ajudará você a ser o primeiro junto a seus clientes. Ajudará a ganhar novos clientes e a aumentar os negócios com os atuais.

Você tem o que é necessário para a *venda perfeita* a qualquer momento. O diálogo é a ferramenta de seu ofício. É o que seus clientes fazem para o deixar entrar no mundo deles. O diálogo é o que você usa para moldar as percepções de seus clientes sobre você e o valor que você traz.

Quando você está cara a cara com seu cliente, é hora de ser o melhor que puder. Sabendo os 5 Passos de uma visita de vendas de modo que eles sejam automatizados, você será capaz de se guiar através de cada visita. Com os 5 Passos você dirigirá o diálogo, conduzindo-o para onde você desejar. Mesmo depois de automatizados os Passos, você ainda pensará neles, mas o aspecto técnico na utilização deles desaparecerá.

Os 5 Passos de uma visita de vendas são a parte mecânica, a execução deles é a arte. Se você tem experiência em vendas, sabe que seu próximo nível de excelência em vendas está um passo à sua frente. Se você está apenas começando a definir seu universo de venda, tem uma jornada estimulante pela frente.

"... a única coisa que podemos fazer é tentar nos comunicarmos uns com os outros..."

Czeslaw Milosz

Dominar os 5 Passos o libera para:

- Prestar atenção ao nível de relacionamentos que tem com seus clientes.
- Fazer mais perguntas e ouvir ativamente.
- Saber como seus clientes pensam e como se sentem.
- Falar usando a linguagem de seu cliente.
- Aumentar seu nível de persuasão.
- Agregar valor realmente.
- Construir e aprofundar o relacionamento com o cliente.
- Fechar mais vendas.

A venda perfeita é um processo. Requer buscar e ganhar autoconhecimento. Ao se dedicar a aprender os 5 Passos, aplicando-os um por vez, e se comprometer com o autotreinamento, você aperfeiçoará sua venda. Começará a pensar: "É fácil demais" porque saberá o que fazer para vencer em cada visita de venda e fará exatamente isso — visita após visita.

E isso define a **Venda Perfeita**.

Índice

5 Passos de uma visita de vendas
    adotando, 27-28
    agir (Passo 5), 153-170
    alavancar (Passo 3), 109-130
    benefícios da aprendizagem, 189-191
    conectar (Passo 1), 31-68
    estrutura da visita, 22
    explorar (Passo 2), 69-107
    quadro de resumo, 188
    resolver (Passo 4), 131-152
Abertura da visita de vendas, 33-68
    cumprimento e relação, 37-49
    esclarecendo o propósito da visita, 53-56
    ferramentas e plano de ação, 63-68
    relação fora da, 48
    resumindo antecedentes da visita, 50-52
    saindo da, 49-49, 57-60
Ações *versus* palavras, 48
Admitindo as necessidades do cliente
    ao introduzir soluções, 114-115
    especificando, 83-84, 98
    resolvendo objeções, 136-137
Agenda de visita, alinhando, ao cliente, 53-56
Agir (Passo 5 dos 5 Passos), 153-170
    Ação 1: conhecer seus objetivos, 159-160
    Ação 2: receber feedback, 161-163
    Ação 3: pedir o negócio, 164-166
    ferramentas pré e pós-visita, 168-170
    impressões finais, 166
    vendedores que sabem fechar negócio, sobre, 154-157
Alavancar (Passo 3 dos 5 Passos), 109-130
    Ação 1: introduzindo Solução, 114-117

Ação 2: customizando e checando solução, 121-124
   ferramentas pré e pós-visitas, 127-130
   preparando para, 51-52
   sendo persuasivo, 118-119, 123-125
   transformando produtos em soluções, 111-113
Aprendendo sobre o cliente
   (*Ver* também Explorar)
   alavancando conhecimento de, 102-103
   de feedback (*Ver* Feedback do cliente)
   foco no cliente vs. foco no produto, 53-54
   na Internet, 172
   questionando (*Ver* Questionamento) através de conversa
      (*Ver* Relação, construindo)
   questões sobre necessidades pessoais, 90-92
   solicitação de necessidades, 57-60
Autoavaliação, 176-183
   (*Ver* também Ferramentas de avaliação)
Avaliação de visita de equipe, 180-181
Avaliação Pós-visita – Agir, 169-170
Avaliação Pós-visita – Alavancar, 129-130
Avaliação Pós-Visita – Conectar, 67-68
Avaliação Pós-visita – Resolver, 151-152
Avaliações rápidas, 29
   Avaliação da Visita de Vendas, 182-183
   Avaliação Pós-visita – Agir, 169-170
   Avaliação Pós-visita – Alavancar, 129-130
   Avaliação Pós-visita – Conectar, 67-68
   Avaliação Pós-visita – Explorar, 105-106
   Avaliação Pós-visita – Resolver, 149-151
Avaliando uma visita de vendas, 176-183

Bloqueios a vendas (*Ver* Resolver)

Caminho da sondagem (transição da abertura), 57-60
Cliente, Feedback do (*Ver* Feedback do cliente)
Cliente, sobre (*Ver* Aprendendo sobre o cliente)
Concorrência, perguntas sobre, 86, 93
Conectar (Passo 1 dos 5 Passos), 31-68
    Ação 1: cumprimentar e relação, 37-49
    Ação 2: resumir antecedentes da visita, 50-52
    Ação 3: esclarecer o propósito da visita, 53-56
    Ação 4: transição da abertura, 57-61
    ferramentas e plano de ação, 63-68
Conhecimento da estrutura da visita, 23
Construir perguntas, como, 96
Conversa (*Ver* Diálogo)
Credenciais, apresentar as 55-56
Cumprimento, 37-49

Diálogo na visita (*Ver* Diálogo)
Diálogo profundo (*Ver* Especificando)
Diálogo
    abertura (*Ver* Abertura da visita de vendas)
    admitindo objeções do cliente, 136-137
    com objeções ao cliente, 142-143
    diálogo profundo (*Ver* Especificando)
    follow-up, 189
    frases-chave e palavras, 173
    objeções não verbalizadas), 144-149
    sobre necessidades do cliente (*Ver* Exploração de necessidades do cliente)
Direcionamento da visita, 21
(*Ver* também 5 Passos de uma visita de vendas)
Direcionando o fluxo das visitas de vendas (*Ver* Direção da Visita)

Distribuindo o tempo
  para relação pessoal, 46
  para visita, checagem, 60

Engajando em diálogo (*Ver* Diálogo)
Entendendo as necessidades do cliente (*Ver* Exploração das necessidades do cliente)
Esclarecimento (*Ver* Especificação; Feedback de cliente)
Especificando (questionando), 99-100
  (*Ver* também Exploração das necessidades do cliente; Questionamento)
  objeções do cliente, 138-141
  objetivos do cliente, 83-84, 100
Estrutura da solução, 114
Estrutura da visita de vendas, 23
  (*Ver* também Direção da visita)
Estrutura da visita, 23
Expectativas, cliente, 53-55
Exploração das necessidades do cliente, 69-107
  alavancando para obter soluções (*Ver* Alavancar)
  em visitas de follow-up, 92-93
  esclarecendo objeções, 138-141
  habilidades para o questionamento efetivo, 95-101
  mantendo o tom de questionamento, 101
  necessidades de implementação, 92-93
  necessidades pessoais e futuras, 89-92
  objetivos, 81-85
  situação atual, 86-87
  questões técnicas, 88
Exploração de necessidades (*Ver* Explorar)
Explorar (Passo 2 dos 5 Passos), 69-106
  (*Ver* Alavancar)

Ação 1: questões sobre objetivos, 81-85
Ação 2: questões sobre a situação atual, 86-87
Ação 3: questões técnicas, 88
Ação 4: questões de necessidades futuras e pessoais, 89-92
alavancando necessidades em soluções
em visitas de follow-up, 92-93
ferramentas pré e pós-visitas, 104-106
habilidades para o questionamento seletivo, 95-101
mantendo o tom de questionamento, 101
necessidades de implementação, 92-93
Explorar a Avaliação Pós-visita, 105-106
Explorar o Planejador Pré-visita, 104

Falando sobre si mesmo, 45-46
Fazendo anotações,
Fazer perguntas (*Ver* Questionamento)
Fechando a venda, 153-170
    conhecendo seus objetivos, 159-160
    ferramentas pré e pós- visita, 168-170
    impressões finais, 166
    obtendo feedback, 161-163
    pedir o negócio, 164-166
    sobre vendedores que sabem fechar vendas, 154-157
Feedback do cliente
    fechamento da venda, 161-163
    objeções (*Ver* Resolver)
    sobre o propósito da visita, 53-55
    sobre soluções apresentadas, 121-124
    sobre tempo alocado para a visita, 60
Ferramentas de avaliação
    (*Ver* também Avaliações Rápidas)

agir, 169-170
alavancar, 129-130
conectar, 66-68
explorar, 105-106
resolver, 151-152
toda a visita de vendas, 182-183
Ferramentas do planejador
(*Ver* também Planejadores Rápidos)
agir, 168
alavancar, 127-128
conectar, 63-66
explorar, 104
resolver, 150
Ferramentas pós-visita (*Ver* Ferramentas de avaliação)
Ferramentas pré-visita (*Ver* Ferramentas do Planejador)
Fluxo das visitas de vendas, direcionando (*Ver* Direção da Visita)
Foco no cliente versus foco no produto, 53-56
Foco no produto, 53-54
Follow-up das visitas de vendas, 94-95
Frases e palavras-chave, 173

Impressões finais, 166
Interesse do cliente em "jogar conversa fora", 47-48
Introdução a questões, 97-98
Introduzindo solução, 114-116

Ligações humanas, 44-45

Necessidades de implementação (cliente), 92-93

Objeções do cliente, resolvendo (*Ver* Resolver)

Objeções não-verbalizadas, 144-146
Objeções, resolvendo (*Ver* Resolver)

Questões sobre objetivos, 81-85
  especificando, 83-84, 100

Pedir o negócio, 164-166
Perguntas abertas, 96-97
Perguntas da situação atual, 86-87
Perguntas de clientes, 145-157
  (*Ver* também Resolver)
Perguntas fechadas, 96-97
Perguntas neutras de clientes, 145-146
Perguntas sobre necessidades pessoais, 89-92
Perguntas técnicas, 88, 134
Persuasivo, ser, 119, 123-124, 134
Planejador Pré-visita – Agir, 168
Planejador Pré-visita — Conectar-se, 65-66
Planejador Pré-visita — Explorar, 104
Planejador Pré-visita — Alavancar, 127-128
Planejador Pré-visita — Resolver, 150
Posicionando resposta a objeções, 142-143
Preparação da visita (*Ver* Preparação)
Preparação do cliente, 171-176
Preparação, 171-175
  (*Ver* também Ferramentas de avaliação; ferramentas de planejador)
  introdução a perguntas, 97-98
  para apresentar credenciais, 55-56
  para relação, 40-41
  preparação para alavancagem, 51-52
Primeira impressão, 37-38

Priorizando elementos da solução, 115-117
Propósito da visita, 53-55
Propósito da visita, enunciando, 53-55
Próximo passo, arranjando para, 164-166

Questionamento
    disciplina para continuar perguntando, 73-78
    efetivo, habilidades para, 95-101
    para construir relação, 40-42
    para fazer a transição da abertura, 57-60
    sobre as necessidades do cliente (*Ver* Exploração das necessidades do cliente)
    sobre objeções do cliente, 138-141
    tom do, 101
Questões de delimitação de tempo, 93
Questões orçamentárias, 93
Questões relacionadas a produto, fazendo, 88
Questões sobre necessidades futuras, 89-90

Receptividade à relação (cliente), 46-48
Relação estimulante, 39-49
Relação pessoal, 41-42
Relação profissional, 43
Relação, construindo, 39-49
    aberturas, 34
    fora da abertura, 48
    relação pessoal, 41-42
    relação profissional, 43
    saindo do, 32
    tópicos e ênfase, 44-46
Resolver (Passo 4 dos 5 Passos), 131-152
    Ação 1: admitindo objeções, 136-137

Ação 2: estreitando o escopo de objeções, 138-141
Ação 3: posicionando a resposta a objeções, 142-143
Ação 4: pedindo feedback, 143-145
encontrando oportunidade em objeções, 132-135
ferramentas pré- e pós-visita, 150-152
objeções não verbalizadas, 144-149
Resumindo solução, 121
   (*Ver* também Alavancar)
Resumo de acontecimentos, 50

Sinceridade da relação, 39
Solução customizadora, 117-120
Soluções (*Ver* Alavancar)
Sondando (*Ver* Questionamento)

Tom, questionando, 101
Tomando nota, 102
Transição da abertura, 57-60
Transição da relação, 48-49

Últimas impressões, 166

Verificação (*Ver* Feedback do cliente)
Visitas de venda perfeitas, 9, 18